ZIAUDDIN YOUSAFZAI
com Louise Carpenter

Livre para voar
A jornada de um pai e a luta pela igualdade

Tradução
Denise Bottmann

COMPANHIA DAS LETRAS

Copyright © 2018 by Ziauddin Yousafzai
Copyright do prefácio © 2018 by Malala Yousafzai

As fotos são do acervo pessoal do autor, exceto página 4 (acima): © Adrian Bullock

Grafia atualizada segundo o Acordo Ortográfico da Língua Portuguesa de 1990, que entrou em vigor no Brasil em 2009.

Título original
Let Her Fly: A Father's Journey and the Fight for Equality

Capa
Mario J. Pulice

Foto de capa
© Antonio Olmos

Preparação
Natalia Engler

Revisão
Jane Pessoa
Luciane Helena Gomide

Dados Internacionais de Catalogação na Publicação (CIP)
(Câmara Brasileira do Livro, SP, Brasil)

Ziauddin, Yousafzai
  Livre para voar : a jornada de um pai e a luta pela igualdade / Ziauddin Yousafzai, Louise Carpenter ; prefácio Malala Yousafzai ; tradução Denise Bottmann. — 1ª ed. — São Paulo : Companhia das Letras, 2019.

  Título original : Let Her Fly : A Father's Journey and the Fight for Equality.
  ISBN 978-85-359-3200-3

  1. Direito à educação 2. Educadores – Paquistão – Biografia 3. Paquistão – condições sociais 4. Relações familiares 5. Yousafzai, Malala, 1997– 6. Yousafzai, Ziauddin, 1969– I. Carpenter, Louise. II. Título.

18-23167   CDD-370.92

Índice para catálogo sistemático:
1. Educadores : Memórias autobiográficas   370.92

Iolanda Rodrigues Biode — Bibliotecária — CRB-8/10014

[2019]
Todos os direitos desta edição reservados à
EDITORA SCHWARCZ S.A.
Rua Bandeira Paulista, 702, cj. 32
04532-002 — São Paulo — SP
Telefone: (11) 3707-3500
www.companhiadasletras.com.br
www.blogdacompanhia.com.br
facebook.com/companhiadasletras
instagram.com/companhiadasletras
twitter.com/cialetras

*Ao coronel médico Muhammad Junaid e ao doutor Mumtaz Ali,
que fizeram a cirurgia de emergência em Malala
depois do atentado que ela sofreu no Paquistão.
Com a graça de Deus, eles salvaram a vida de Malala.*

Sumário

Prefácio — Malala Yousafzai 9

Prólogo 15

1. Pai 25
2. Filhos 59
3. Esposa e melhor amiga 88
4. Filha 114

Epílogo 153

Agradecimentos 159

Prefácio

Malala Yousafzai

Escrevo este prefácio para agradecer a meu pai. Desde que o conheço, meu pai é a personificação do amor, da compaixão e da humildade. Ensinou-me o amor não simplesmente com palavras, mas com seus atos de amor e bondade. Nunca vi meu pai ser desrespeitoso ou injusto com quem quer que fosse. Todos eram iguais para ele, muçulmanos e cristãos, de pele clara e de pele escura, pobres e ricos, homens e mulheres. Como diretor de escola, ativista e assistente social engajado, era atencioso, respeitoso e solícito com todos. Todos o amavam. Tornou-se meu ídolo.

Não éramos ricos em termos financeiros, mas éramos ricos em termos éticos e morais. Aba acredita que a riqueza não é uma garantia de vida feliz. Nunca nos sentimos pobres, embora eu me lembre claramente daqueles tempos em que não tínhamos dinheiro suficiente para comprar comida. O pouco que conseguia ganhar com a escola ele gastava com a família num único dia, comprando frutas, e o que sobrava dava à minha mãe, pois era ela quem escolhia os móveis, os talheres etc. que compraria para a família. Ele se entediava com as compras, e se entediava a ponto de muitas vezes começar a discutir com minha mãe se ela demorasse demais. Minha mãe reagia e alertava: "Você vai me agradecer quando vestir esse terno". Ele amava ver meus irmãos, minha mãe e eu felizes e saudáveis. Para ele, tínhamos o que era mais importante em nossa vida: educação, respeito e amor incondicional, o que era suficiente para que nos sentíssemos ricos e felizes. Com seu amor por mim, ele se tornou meu escudo contra todos os males e ruindades ao meu redor. Tornei-me uma menina alegre e confiante, mesmo numa sociedade que não oferecia uma perspectiva muito feliz para meu futuro como mulher. Um profundo respeito pelas mulheres e meninas preenchia o lar em que cresci, mesmo quando não se refletia no mundo lá fora. Mas meu pai me proporcionou o escudo do amor. Era minha defesa numa sociedade que não me tratava igualitariamente. Desde o começo, ergueu-se contra tudo o que ameaçava meu futuro. Eu tinha direito à igualdade, e ele assegurou que eu a tivesse.

Essa cultura de respeito em nosso lar, especialmente pelas mulheres, acompanhava a convicção de Aba quanto ao valor de viver plenamente a vida e aproveitar as chances que ela nos oferece. Aprendi com ele que devo fazer o melhor possível, que devo ser a melhor possível e que devo respeitar as pessoas, não importam suas origens.

Meu pai e eu temos sido amigos desde o princípio e ainda somos, o que é raro quando as meninas crescem e começa a se formar um abismo. Eu compartilhava quase tudo com meu pai, mais do que com minha mãe, desde me queixar de cólicas menstruais até pedir que me arranjasse absorventes. Na verdade, eu tinha bastante medo da minha mãe, pois ela era rigorosa. Meu pai sempre ficava do meu lado quando eu discutia com meus irmãos — o que acontecia quase diariamente!

Eu não era muito diferente das outras meninas da minha

escola no Paquistão, das minhas amigas no bairro e das outras meninas do vale do Swat. Mas tive a inestimável oportunidade de ter uma criação com apoio e estímulo. Não que meu pai me passasse longos sermões ou me desse conselhos todos os dias. Foram os modos, a dedicação à mudança social, a honestidade, a abertura, a visão e o comportamento de meu pai que tiveram grande influência sobre mim. Ele sempre me valorizou. Sempre dizia: "Você está indo muito bem nos estudos, Jani"; "Está falando muito bem". *Jani*, que significa "amor" ou "alma gêmea", é o apelido que ele me deu. Minhas pequenas conquistas, nos deveres escolares, em artes, nas competições de discursos, em tudo, sempre eram reconhecidas. Meu pai sempre se orgulhou de mim. Acreditava em mim mais do que eu mesma. E isso me tornava confiante para fazer tudo e mais um pouco.

Meu pai é um grande ouvinte, e esta é uma das coisas que sempre amei nele. Claro, exceto quando está com seu iPad, no Twitter. Aí a gente precisa chamar umas dez vezes, "Aba", "Aba", antes que ele responda. Mesmo que diga "Sim, Jani" a cada vez que chamo, na verdade não está ouvindo quando está no Twitter, e sei disso. Quando ouve as pessoas, sobretudo crianças, envolve-se completamente e dá toda a atenção ao que elas têm a dizer. Também foi assim comigo. Sempre me deu ouvidos, ouviu minhas historinhas, minhas reclamações, minhas preocupações e todos os meus planos. Meu pai me fez entender que minha voz tinha força e que isso era importante. Foi o que me encorajou a usar minha voz e me deu enorme confiança. Eu sabia contar uma história, sabia me manifestar e, quando o Talibã chegou, senti que tinha o poder de erguer minha voz para defender minha educação e meus direitos.

Conforme eu crescia, comecei a entender como meus pais

eram diferentes ao perceber que outras meninas eram impedidas de ir à escola ou não podiam frequentar lugares onde havia homens e meninos. Perdemos inúmeras mulheres e meninas nesse tipo de sociedade, onde são os homens que decidem como elas devem viver e o que devem fazer. Vi meninas incríveis que foram obrigadas a renunciar à sua educação e a seu futuro. Essas meninas nunca tiveram uma chance de ser quem eram. Mas eu não era uma delas. Fazia discursos em locais onde apenas meninos falavam, e a meu redor ouvia os comentários dos homens: "Essas meninas deviam ficar separadas!". Algumas colegas e amigas minhas foram proibidas pelos pais e pelos irmãos de participar desses debates da escola entre meninas e meninos. Meu pai era firmemente contra essa mentalidade e queria mudá-la.

Lembro que, quando meu pai recebia seus amigos e homens mais velhos e ficava conversando na sala de visitas de casa, eu entrava para levar o chá e então sentava e ficava ali com eles. Meu pai nunca disse: "Malala, veja, estamos aqui numa conversa de adultos, falando de política". Deixava que eu sentasse e ouvisse, e mais do que isso, deixava que desse minha opinião.

Isso é importante porque uma menina que é criada num lar ou numa sociedade desigual precisa combater o medo de não realizar seus sonhos. Para milhões de meninas, a escola é um lugar mais seguro do que o lar. Em casa, recebem ordens para cozinhar, cuidar da limpeza e se preparar para o casamento. Mesmo para mim, com os pais que tenho, a escola representava uma proteção contra as restrições da sociedade. Quando ia à escola, meu mundo consistia em meus professores fantásticos e em meu diretor fantástico, na sala de aula tinha minhas amigas ao lado e todas nós falávamos sobre o aprendizado e nossos sonhos para o futuro.

É difícil expressar o quanto eu amava ir para a escola que meu pai fundou. Durante as aulas, podia quase sentir meu cérebro crescendo mais e mais. Sabia que era o conhecimento que estava expandindo minha mente, todas as coisas diferentes que estavam ocupando minha cabeça, ampliando meu horizonte.

O pai que me criou ainda é o mesmo. É idealista. Além de ser professor, também é poeta. Às vezes penso que vive num mundo de romance, um mundo de amor pelas pessoas, um mundo de amor pelos amigos, pela família e por todos os seres humanos. Não sou muito dada a ler poesia, mas entendo essa mensagem de amor.

As pessoas que querem mudanças em nosso mundo muitas vezes desistem cedo demais ou nem sequer começam. Dizem: "É um grande problema. O que eu poderia fazer? Como iria ajudar?". Mas meu pai sempre acreditou em si mesmo e em seu poder de promover uma mudança, por minúscula que fosse. Ele me ensinou que, mesmo que só possamos ajudar uma única pessoa, não devemos pensar que é uma contribuição pequena. Toda pequena ajuda conta dentro do grande plano das coisas. O sucesso, para meu pai, não é apenas alcançar um objetivo. Há beleza em iniciar a jornada, estar na jornada, contribuir para e incentivar a mudança.

Meu pai talvez não possa convencer o mundo inteiro a tratar as mulheres com respeito e igualdade, o que ele ainda procura fazer todos os dias, mas de fato mudou minha vida para melhor. Deu-me um futuro, deu-me minha voz e me deixou livre para voar!

Aba, como posso algum dia lhe agradecer?

Prólogo

Inúmeras pessoas me perguntam, com amor e bondade no coração: "Qual foi seu momento de maior orgulho, Ziauddin?". Penso, talvez, que estejam me convidando a responder: "Quando Malala recebeu o prêmio Nobel da paz, claro!"; ou "A primeira vez que ela falou na ONU em Nova York"; ou, ainda, "Quando ela conheceu a rainha".

Malala é homenageada e respeitada em todo o mundo, mas, para mim, é impossível dar uma resposta porque, no fundo, é uma pergunta que se refere não propriamente à minha filha Malala, e sim à influência que ela tem exercido. Falar com uma rainha ou com um chefe de Estado é motivo de maior orgulho meu do que um Nobel da paz? Para mim, é impossível dizer.

O que respondo a essa pergunta é: "Malala me deixa orgulhoso todos os dias". E digo isso com toda a sinceridade. Minha Malala é, em igual medida, a menina que me faz rir durante o café da manhã com seu humor perspicaz, muito mais afiado do que o meu, e a menina que durante boa parte da vida frequentou uma escola modesta em Mingora, no Paquistão, e mesmo assim se mostrou mais forte do que o Talibã.

Nunca conheci outra criança que gostasse tanto de aprender. O mundo pode pensar: "Ah, Malala é tão inteligente!", mas às vezes, como tantos outros estudantes, ela sofre com a sobrecarga de trabalho. Enquanto o frio dia inglês se transforma numa noite inglesa ainda mais fria — e nós, os Yousafzai, tão acostumados com o sol queimando nossa pele, sentimos o frio inglês gelar a espinha —, muitas vezes Malala fica acordada no quarto, com a lâmpada acesa em cima dos livros, com o cenho franzido. E está sempre trabalhando, estudando, estudando sem parar, preocupada com suas notas.

A grande bênção da vida de Malala — de sua "segunda vida", como diz sua mãe, Toor Pekai, desde que Deus salvou Malala do atentado que sofreu — não é apenas sua dedicação diária à luta pelos direitos de *todas* as meninas. É também seu empenho em viver seu *próprio* sonho. Às vezes, para um pai, surge um momento de verdadeira beleza, de sorte, de amor, de assombro — *Como essa menina extraordinária pode ser minha filha?!* — nas coisas aparentemente mais triviais: uma expressão no olhar, um gesto, um comentário bonito, sábio e ao mesmo tempo inocente. Então, se me pressionarem para dizer qual foi, até agora, meu momento de maior orgulho como pai de Malala, digo-lhes que inclui a Universidade de Oxford e o preparo e consumo de uma simples xícara de chá.

Desde que nos mudamos para a Inglaterra, Malala sempre deixou muito claro que queria estudar política, filosofia e economia na Universidade de Oxford. Foi a mesma escolha feita pela ex-primeira-ministra Benazir Bhutto, a primeira mulher a ocupar o cargo.

A Universidade de Oxford, que, evidentemente, tem fama mundial, não era novidade para Malala. Em sua campanha pública, ela apresentara lá três ou quatro discursos desde que nos mudamos para Birmingham, e a acompanhei em todas as vezes. Àquela altura, ela já tinha idade suficiente para cuidar de si mesma, e não havia mais a menor necessidade de que eu passasse a ferro suas túnicas e lenços de cores vivas, que a mãe escolhia para ela, nem de engraxar seus sapatos como eu fazia quando íamos às ruas na campanha pela educação das meninas no Paquistão.

Eu adorava fazer essas tarefas ditas domésticas para minha filha, e sinto falta delas agora que Malala tem plena independência. Por que eu gostava tanto de cumprir essas tarefas? Porque me sentia capaz, com esses pequenos gestos, de expressar amor e apoio à minha filha e a seu gênero feminino. Era o mesmo sentimento que me levara, depois de seu nascimento — o nascimento de minha filha abençoada —, a incluir seu nome, o primeiro nome feminino em trezentos anos, em nossa antiga árvore genealógica. Era uma maneira de mostrar ao mundo, de mostrar a mim mesmo, não só em palavras, mas também em ações, que as meninas são iguais aos meninos; elas são importantes, suas necessidades têm importância; até as mais pequeninas gostam de ter sapatos limpos.

Entendo que, em muitas culturas, mães e pais de todo o mundo praticam esses gestos para filhos e filhas com grande naturalidade, mas eu, como homem de meia-idade em uma sociedade patriarcal no Paquistão, tive de enfrentar uma longa jornada.

Venho de um país onde fui servido por mulheres durante a vida inteira. Venho de uma família em que meu gênero me fazia especial. Mas eu não queria ser especial por essa razão.

Em minha infância, passada em Shangla, os longos dias quentes eram pontuados por refrescos, preparados e servidos para o conforto dos meninos e homens. Depois eram retirados. Não precisávamos sequer estalar os dedos ou acenar com a cabeça. Era uma rotina com profundas raízes, entranhadas ao longo de séculos de patriarcado, inconsciente, implícita, natural.

Nunca, nem sequer uma única vez, vi meu pai ou meu irmão se aproximarem do fogão de nossa casa, feita de barro. Em minha infância, também nunca cheguei perto do fogão. Cozinhar não cabia a mim, nem a qualquer homem. Quando criança, aceitei essa verdade sem questionar.

O cheiro do curry cozinhando era sempre acompanhado pelas conversas apressadas e animadas de minha mãe e minhas irmãs, tagarelando enquanto cortavam e picavam os ingredientes, sabendo instintivamente que os nacos suculentos de frango que estavam preparando, as coxas, as sobrecoxas, o peito, não eram para elas, mas seriam servidos a mim — o irmão caçula, uma criança —, ao irmão mais velho e ao pai. Essas magníficas cozinheiras da família, encaloradas com o fogão, com o vapor e a labuta toda, teriam que se satisfazer com as partes mais ósseas.

Sua ânsia de nos servir, de nos agradar, também se evidenciava no preparo do chá, que ditava ainda mais o ritmo de nossos dias. O chá que tomamos no Paquistão é, em minha opinião, o mais delicioso do mundo. É quente, doce, leitoso; agora que moro na Inglaterra, posso dizer que ele é totalmente diferente do tão famoso chá inglês, o qual, admito, não consigo tomar.

Como muitas outras coisas de meu antigo mundo, o chá no Paquistão é resultado de um ritual. Primeiro, é preciso deixar a chaleira totalmente limpa, sem nenhum resíduo da preparação do chá anterior. As folhas devem ser de boa qualidade. Em seguida, enche-se a chaleira de água, que é fervida junto com as folhas. Quando a fervura está bem intensa, acrescenta-se leite e depois açúcar. A mistura deve então ser reaquecida. Nesse momento, uma mulher pega uma concha, que fica pondo e tirando da chaleira; enche a concha com o líquido, suspende da chaleira e depois despeja de volta na mistura. Ainda não entendo por que fazem assim, mas as mulheres de casa sempre prepararam o chá dessa maneira, e nosso chá era quente, doce, delicioso. Existe também uma variante ainda mais forte, o *doodh pati*, em que não se usa nada de água; em vez de água, ferve-se primeiro uma quantidade maior de leite, depois se acrescentam as folhas de chá e o açúcar, e então se reaquece a mistura até ficar como mel líquido.

Nós, homens, nunca fazíamos esse chá delicioso; simplesmente fruíamos. Uma de minhas primeiras lembranças quando menino é de estar sentado em nossa saleta de estar, meu pai descansando reclinado nas almofadas de um catre. Minha mãe entrou na sala com uma bandeja, um bule e duas xícaras. Meu pai não ergueu a vista do que estava lendo, provavelmente um volume grosso do Hadith, uma coletânea de tradições com ditos do Profeta Maomé (a paz esteja com ele). Ela armou uma mesa, pousou ali a bandeja e verteu o chá quente e doce numa xícara. Estendeu a xícara a ele e encheu outra para que eu, seu filhinho querido, desfrutasse. Então esperou.

Esperou que meu pai e eu tivéssemos tomado tudo o que queríamos antes de se servir. Às vezes meu pai agradecia, mas nem sempre.

A qualidade do chá que lhe dão, disse-me ele, pode ser julgada em três etapas. Primeiro, o homem deve olhar o chá enquanto é vertido do bule para a xícara, observando a textura. Depois, continuou, você deve observar a cor do chá na xícara. E por fim, completou, o teste supremo é quando se leva o chá à boca.

Por muitos anos, a única coisa que meu pai, meus tios e eu fizemos para desfrutar uma xícara de chá foi levá-la até a boca. Se meu pai encontrasse alguma falha, não saberia como fazer uma xícara para si mesmo. Simplesmente diria à minha mãe ou a minhas irmãs que voltassem para a cozinha e fizessem de novo. Isso era raro de acontecer porque minha mãe era especialista em saber o que agradava a meu pai. Afinal, seu papel na vida era servi-lo.

Em debates e discursos públicos, Malala nunca aparentou nervosismo. Seja onde for, raramente fica nervosa, nem se deixa tomar pela emoção como eu, exceto quando está perto de seus professores. Eu a vi discursar para os líderes da Commonwealth com uma calma quase sobrenatural; no entanto, sentada a meu lado na reunião de pais da Escola Secundária de Edgbaston, onde concluiu o ensino médio, tinha sempre no rosto um leve rubor, quase imperceptível.

Esse mesmo leve rubor ressurgiu no rosto dela em agosto de 2017, quando quatro dos cinco membros de nossa família foram visitar a faculdade Lady Margaret Hall (LMH), em Oxford. Estávamos eufóricos e empolgados, depois de receber a notícia de que Malala obtivera as notas necessárias para a qualificação acadêmica e poderia ocupar sua vaga na LMH dali a oito semanas.

Deu para notar que Malala estava nervosa. Era a primeira vez que Toor Pekai, seu irmão Khushal e eu víamos a Lady Margaret Hall, com sua imponente fachada de tijolos e a sucessão de janelas em arco. A beleza da Universidade de Oxford nunca deixa de me assombrar. Nada nos preparara para aquilo, nenhuma visita prévia, nenhum status de oradora especial da União Estudantil. Dessa vez, Malala era simplesmente a aluna e eu era simplesmente seu pai.

Dois estudantes nos levaram numa visita guiada, o que Toor Pekai e eu apreciamos muito: a biblioteca era enorme, com livros e mais livros nas prateleiras sobrepostas. Dediquei dezoito anos de minha vida a aprender e a ajudar os outros a aprender; como não me emocionar com aqueles livros? O Talibã ateara fogo a centenas de escolas, com todos os seus livros, e proibira o ensino para as meninas. Ameaçara, com palavras, a minha vida, e quase tirara, com balas, a vida de minha filha, por ser uma menina que queria aprender, que queria ler. E agora estávamos ali; tal era a vontade de Deus. O homem põe, Deus dispõe. Malala não só sobrevivera ao atentado que sofrera por querer estudar, como mostrara a capacidade de se recuperar, de se curar e continuar a aprender, para que agora pudesse ser aceita como aluna em Oxford. Sou um homem emotivo. Foi avassalador ver minha filha prestes a realizar seu sonho de entrar numa universidade. "Mas, Ziauddin", disse a mim mesmo, "segure as lágrimas por enquanto."

Depois da visita guiada, o diretor da faculdade nos levou a uma ampla sala de estar com pé-direito alto; havia ali muito ar e muito espaço para aprender. Eu podia sentir os horizontes se alargarem dentro daquelas quatro paredes. Havia pequenos grupinhos reunidos em poltronas e sofás, conversando em voz baixa. O lema da LMH é *Souvent me Souviens*: Lembro-me amiúde.

Vi o diretor atravessar a sala até a máquina de fazer chá. O que meu pai pensaria de tal invenção? O diretor pegou uma xícara, escolheu um saquinho de chá de um recipiente ali próximo e pôs a xícara sob a máquina, enchendo-a de água quente. Alguns segundos depois, pôs a xícara num pires e verteu um pouco de leite. Depois de mexer o chá e jogar fora o saquinho, pegou a xícara com o pires e atravessou a sala com essa única xícara de chá. Éramos muitos ali sem nenhuma xícara na mão, mas ele prosseguiu até chegar a seu destino, e então estendeu a xícara a Malala.

Souvent me Souviens. Só aí comecei a chorar.

Assim, se vocês me perguntarem agora, "Ziauddin, qual é seu momento de maior orgulho até hoje?", responderei: foi quando o diretor da Lady Margaret Hall preparou e serviu uma xícara de chá a Malala. Foi um momento tão natural, tão normal e, portanto, mais belo e mais poderoso para mim do que qualquer evento de que Malala possa ter participado com um rei, uma rainha ou um presidente. Aquilo provou algo em que acredito há muito tempo: quando se defende uma mudança, essa mudança vem.

Essa xícara de chá foi preparada de uma maneira ocidental muito estranha a nós. Meu pai se recusaria a tomar o tipo de chá oferecido a Malala. Meu pai o rejeitaria e uma mulher da família tiraria prontamente a xícara de suas mãos e levaria embora, mortificada por tê-lo desapontado. Mas esse momento de receber o chá ficou ainda mais doce porque, se meu pai estivesse ali conosco naquela sala imponente e grandiosa, não lhe caberia recusar a xícara. A xícara passaria por ele e seguiria o trajeto até sua neta.

Quando menino, cresci acreditando nas ideias patriarcais da sociedade. Somente na adolescência é que comecei a questionar tudo o que absorvera como inconteste. É assim que eu encaro a vida: buscar algo além, encontrar e aprender a partir do zero. Que coisa era essa que tanto desejava, muito antes que Malala nascesse? E que então desejei para ela e para minha esposa, para minhas alunas e depois para todas as meninas e todas as mulheres na bela terra de Deus? De início, eu não identificava essa coisa como feminismo. É um termo valioso que aprendi mais tarde no Ocidente, mas naquela época eu desconhecia o feminismo. Por mais de quarenta anos, não tive a menor ideia do que significava. Quando me explicaram, falei: "Ah, fui feminista durante a maior parte de minha vida, quase desde o começo!". Quando morava no Paquistão, vi minhas ideias passarem a se basear mais no amor, no respeito e na humanidade. Simplesmente queria e continuo a querer que as meninas de todo o planeta vivam num mundo em que sejam tratadas com amor e acolhidas de braços abertos. Queria naquela época e ainda quero o fim do patriarcado, de um sistema masculino de ideias que prospera fundado no medo, que mascara a opressão e o ódio em princípios básicos da religião, e que é incapaz, em seu cerne, de entender a beleza que cabe a todos nós ao vivermos numa sociedade realmente igualitária.

Foi por isso que desatei a chorar com uma simples xícara de chá, porque ela simbolizava o fim de uma luta que eu travara por duas décadas para assegurar igualdade a Malala. Malala agora é adulta, com idade, experiência e coragem suficientes para travar suas próprias lutas. Mas a luta por todas as meninas de todo o mundo ainda não terminou. Todas as meninas, todas as mulheres merecem o respeito que os homens recebem automaticamente. Uma xícara de chá deveria ser oferecida a todas as meninas em suas instituições de ensino — seja no Paquistão, na Nigéria, na Índia, nos Estados Unidos, no Reino Unido —, tanto pela xícara em si quanto por tudo o que ela simboliza.

O caminho para sentirmos o tipo de amor e alegria profundos que sinto quando vejo que minha filha é realmente uma igual nem sempre é fácil para aqueles de nós que fomos criados em sociedades patriarcais. Ao aprender essas novas formas de vida, tive de desaprender tudo o que veio antes. A primeira pessoa com quem deparei bloqueando meu caminho era muito mais perigosa para mim do que qualquer antigo guerreiro pashtun com adaga e escudo. Era eu, meu velho eu, o velho Ziauddin, sussurrando em meu ouvido: "Aonde você vai? Volte atrás! Não seja tonto. Esse caminho é frio e solitário, e para se sentir bem basta voltar ao lugar de onde você veio".

Foi uma longa jornada, traumática e não isenta de sacrifícios. Quase perdi a própria pessoa por quem iniciei a luta. Mas Malala está viva e tem educação. Estou vivo, a mãe dela está viva, os irmãos estão vivos e, de várias formas diferentes, todos nós estamos sendo educados; Malala e seus irmãos com livros, e a mãe, Toor Pekai, também. Espero continuar a aprender com a própria vida, com todas as suas recompensas e decepções, suas profundas alegrias e suas múltiplas dificuldades.

Escrevi este livro na esperança de que possa algum dia proporcionar algum apoio e incentivo a mulheres, meninas, homens e meninos de todo o mundo que têm coragem suficiente para reivindicar igualdade, como faz nossa família.

Pois somente quando uma menina como Malala, da terra e das montanhas, recebe uma xícara de chá oferecida pelo diretor de uma faculdade numa sociedade outrora patriarcal, somente quando, graças a uma educação de qualidade, ela mesma se torna diretora, somente aí nossa missão estará cumprida.

1. Pai

NOSSA CASA OUTONAL

Eu mal atingira a idade de escrever meu nome, com uma caneta feita de bambu e tinta extraída de uma pilha quando, numa manhã bem cedo, minha mãe se esgueirou até meu catre, cheia de esperança e determinação, e sussurrou: "Ziauddin, acorde!". No quarto de nossa casa de barro também dormiam minhas irmãs.

"Beybey?", perguntei, com nosso termo para "mamãe".

"Ziauddin, acorde!", ela repetiu. "Vamos sair numa jornada." Deu para ver que ela já estava com seu *paroonay* grosso de cor cinzenta. "Com Kaka Escola?", perguntei sonolento sobre meu pai. E repeti: "Com Kaka Escola?". "Não", disse ela, "não com Kaka Escola. Seu pai está fazendo as orações diárias, como sempre, e dando aulas na escola. Quem vai conosco é Fazli Hakeem, o primo de seu pai. Vamos subir a montanha Shalmano. Tente ser forte porque é uma longa caminhada até o alto, mas vale a pena pois, quando chegarmos lá, vai ajudá-lo a realizar seus sonhos."

Eu não sabia quais eram meus sonhos, mas sabia que minha

mãe e meu pai nutriam grandes sonhos para mim. E sabia que não os nutriam para mais ninguém. Se Beybey e Kaka Escola pensavam que havia algo no alto daquela montanha, então eu queria ir até lá.

Todo dia de manhã em Barkana, nosso povoado nos fundões do distrito de Shangla, no norte do Paquistão, os galos cantavam lá fora e nossas duas búfalas se alvoroçavam nos campos a um quilômetro e meio de distância, aguardando o balde de comida que meu irmão ia levar. O principal papel de meu irmão na vida era alimentar e engordar esses animais e ajudar meu pai e a família. Meu irmão parecia muito feliz, criando aquelas fêmeas preciosas e seguindo a vida simples de meu pai: "Quando um homem é feliz, a esposa dá à luz meninos e a búfala dá à luz uma fêmea", dizia ele. Isso era especialmente ruim para minha mãe, muito ruim. Em nossa casinha de barro éramos nove em dois quartos. Mais tarde, meu irmão se mudou com a esposa recém-casada para um puxadinho atrás da casa. As búfalas de que ele cuidava nem sempre pariam fêmeas. Meu pai anotava meticulosamente as crias num livro, que guardava junto com seus diários e revistas numa prateleira.

Minha mãe gerou sete crianças de meu pai, e apenas dois preciosos meninos. O primeiro foi meu irmão, e depois eu. Entre nós dois, ela teve três filhas, e depois viriam mais duas. Chamam-se Hameeda Bano, Najma Bibi, Bakhti Mahal, Gul Raina e Naseem Akhtar. Apresento seus nomes aqui porque, durante minha infância, nunca vi, nem sequer uma única vez, os nomes delas por escrito. Eram mencionadas apenas em relação aos homens: filhas de meu pai, irmãs de Ziauddin e Saeed Ramzan. Nunca eram citadas individualmente. Era assim também que se referiam à minha mãe: esposa de Rohul Amin, mãe de Ziauddin ou de Saeed Ramzan.

O fato de predominarem filhas mulheres em minha família

era ainda pior por causa da família cheia de filhos homens na casa de barro vizinha à nossa.

Nossos primos — a família de meu tio — moravam ali, e a casa tinha também uma cobertura de barro, como a nossa. As coberturas formavam uma espécie de parquinho, chamado *chum*, onde a criançada brincava, meninas e meninos juntos, gritando, pulando, jogando bolinha de gude. Minhas colegas de brincadeiras eram as pré-adolescentes de Barkana, descuidadas e despreocupadas, ainda não consideradas com idade suficiente para causar vergonha ou ofender a honra. Essas mesmas meninas, quando brincávamos de mímica, às vezes punham no rosto o xale da mãe ou de uma irmã mais velha, cobrindo o narizinho e a face macia, escondendo tudo, exceto os olhos, querendo ser exatamente como aqueles modelos femininos que amavam. Em poucos anos, chegando aos doze ou treze, minhas colegas de brincadeiras passariam a usar seu próprio xale o tempo inteiro. Pela necessidade de proteger a honra na adolescência, abandonavam os parquinhos nos telhados e deixavam as ruas onde antes corriam de casa em casa, passando a viver em *purdah*, encerradas entre quatro paredes de barro. Antes lá em cima, agora cá embaixo, minhas ex-colegas de brincadeiras — minhas irmãs mais novas também — ouviam os pezinhos infantis ressoando no topo da casa, um lembrete de sua liberdade passada. Os demais meninos e eu continuávamos a jogar críquete. Enquanto eu crescia, as meninas sumiam da vista assim, como estrelas cadentes no céu, e nunca, em momento algum, questionei. Elas estavam sob meus pés, cozinhando e tagarelando, e em poucos anos se casariam e engravidariam ou, se ainda continuassem solteiras, estariam apavoradas com a perspectiva de não se casar.

Minha mãe cuidava muito das paredes de barro de nossa casa. Uma vez por ano, espalhava uma camada nova de barro fresco na parte interna, alisando e realisando a superfície com o orgulho e a paciência de quem estivesse restaurando as mais belas paredes da mais bela mansão. Mas a atenção de minha mãe às paredes que confinavam a ela e a minhas irmãs não conseguia impedir que a boa sorte de meu tio se infiltrasse por ali. Enquanto meus primos continuavam a nascer, as mulheres da aldeia rodeando minha tia e lhe dando parabéns, a frustração de meu pai com seu infortúnio em gerar tantas filhas aumentava. E perguntava: "Por que é sempre primavera na casa deles e outono na nossa?".

Nós, pashtuns, somos um povo briguento. Os filhos formam o exército de um homem. São frequentes as brigas, geralmente verbais, e os conflitos. Se os pais brigavam com os irmãos, os filhos deles brigavam e disputavam também. Se os tios estavam em guerra, os primos também estariam. Nós dois, os meninos, não éramos suficientes como exército de nosso pai. Minhas irmãs não eram de qualquer valia. Poucas coisas deixavam meu pai de mau humor. A inveja era uma delas.

"Você nunca vai ser feliz na vida", uma vez minha mãe lhe disse, enquanto todos nós assistíamos atônitos e boquiabertos. "Quando estiver no paraíso, você vai dizer: 'Ah, mas o paraíso do vizinho é melhor'."

Meu pai se queixava constantemente da boa sorte de nossos primos. Anos depois, quando saí de sua casa em termos tanto geográficos quanto espirituais, ele disse: "Por que meu sobrinho tem carro? Por que meus filhos não têm carro? Por que meus meninos falharam comigo dessa maneira?". Quando isso aconteceu, já havia carros em nossa aldeia fazia algum tempo, e ele nunca manifestara qualquer inveja a esse respeito. Eu — bem mais crescido naquela época — falei: "Kaka Escola, fique contente. Nunca mais precisará voltar a pé para casa. Quando seu sobrinho o vir na estrada, será obrigado a parar e lhe dar uma carona. Nunca mais precisará caminhar porque, como mais velho, cabe-lhe receber carona". Eu tentava mostrar que a boa sorte do sobrinho lhe trazia vantagens. Não foi um grande consolo. Ele não queria uma carona no carro do *sobrinho*.

Como eu detestava essas invejas, detestava! E seu poder de corromper o amor e a felicidade. Mas se essas velhas invejas de família doíam em mim, não eram nada perante a injustiça da vida de minhas irmãs em comparação à minha.

Eu ocupava uma posição única na família. Desde pequeno, meu pai e minha mãe falavam de mim como alguém diferente, um menino que poderia se elevar acima de nossa condição social bastante baixa, preenchendo expectativas que nunca tiveram em relação a qualquer irmã minha e nem mesmo em relação a meu irmão mais velho. Diziam que tinham notado em mim uma centelha que oferecia a possibilidade de uma vida melhor, a ascensão para uma nova classe social. A escada era a educação. Se tivessem procurado essa centelha em minhas irmãs, certamente teriam visto nelas também. Mas não procuraram.

Entendo o que querem dizer quando falam dessa centelha numa criança, porque vi a mesma coisa em Malala quando era pequena. É uma qualidade que diferencia a criança, uma intensidade, talvez. É, no mínimo, uma criança que nos convida — nos permite — encorajá-la à grandeza. Por que eles tinham esses sonhos para mim e não para meu irmão? Porque ele queria uma vida simples, creio. Todas as noites, meu pai estendia três amêndoas. "Ziauddin, coma essas amêndoas." Eram para aprimorar meu cérebro. Eu comia sem pestanejar. Mais um privilégio.

Toda vez que íamos além de Barkana, minha mãe apontava os belos bangalôs que, comparados à nossa choça de barro, pareciam palácios. "Quem mora aqui, Beybey?", eu perguntava, de mãos dadas com ela. Eu, um menino que mal chegava à sua cintura, servia-lhe de acompanhante, mais do que ela a mim. E minha mãe dizia, ao andarmos pela rua: "Ziauddin, é gente estudada que mora ali. Se você se esforçar bastante, pode morar lá também". Não éramos senhores feudais, nem empresários ou industriais. Meus pais percebiam que, se pretendiam me encaminhar para essa vida melhor, teria de ser pela educação. Não tínhamos dinheiro. Não tínhamos contatos. Não tínhamos um negócio. Minha única chance era a educação.

No início de cada dia, meu pai, meu irmão e eu recebíamos o creme extraído do leite. No final do dia, os pedaços mais suculentos do frango também eram nossos. Minha mãe gostava de fazer a omelete favorita de meu pai, temperando com cubinhos de pepino e tomate colhidos no campo. Ela batia os ovos com o creme escumado do leite. Na hora de comer, minha mãe e minhas irmãs não ficavam à nossa mesa. Comiam em outro aposento. Os sapatos de minhas irmãs eram remendados, puídos, muitas vezes quase se desfazendo, enquanto os meus eram novos, com correias de couro fortes e firmes envolvendo meus pés.

Só uma vez ouvi uma irmã reclamar. Najma Bibi, uma de minhas irmãs mais velhas, disse à minha mãe: "Se você gosta tanto de meninos, por que nos teve?". E minha mãe respondeu: "Não dependia de mim. Não tive como evitar". Minha mãe parecia brava e vi uma espécie de perplexidade no rosto de minha irmã.

Meu pai era um *maulana* (um sábio religioso) em nosso povoado, comandando as orações cinco vezes por dia na mesquita baixa de Barkana, também feita de barro, em contraste com a mesquita alta, maior, para a qual depois eu me encaminharia. Também dava aulas a meninos da aldeia vizinha.

A condição relativamente baixa de um religioso contribuía para seu gênio um tanto imprevisível e sua preocupação com o dinheiro. Seu papel religioso claramente definido, embora o excluísse do sistema de castas e lhe trouxesse certo grau de respeito, também carregava um estigma, a verdade não mencionada, mas sabida, de que meu pai precisava do serviço porque precisava do dinheiro.

Os *maulanas* recebem um estipêndio da comunidade a que servem pelo papel que desempenham. Meu pai não precisava ser *maulana*, embora fosse bem qualificado para a função. Já era professor de teologia numa escola pública, mas conduzia as orações para aumentar a renda.

O medo que eu sentia do gênio de meu pai vivia em conflito com meu profundo amor por ele. Ele gritava por causa de miudezas, como algum frango perdido ou um pouco de cereal que se derramasse, e essas explosões eram sempre imprevisíveis. Mas nunca duvidei de que meu pai me amasse. E me amava muito — isso eu sabia. Punha-me no colo e me embalava suavemente. Quando eu era pequeno, seu cabelo era preto, mas tanto o cabelo quanto a barba depois ficaram grisalhos, anunciando a brancura posterior que forma a viva lembrança que guardo dele: meu pai, o *maulana*, o professor, o orador, com o manto comprido branco, a barba e o cabelo brancos, o barrete branco ou um turbante branco para as orações das sextas-feiras. Ele me dedicou muito de seu tempo e de sua energia. Estava sempre lendo para mim e procurando enriquecer meu espírito. Foi ele também quem me instilou o gosto duradouro pelo aprendizado.

Meu pai era eloquente e fervoroso, e quando pregava, os aldeões gravavam suas pregações para poder ouvi-lo em casa.

Onze anos depois da morte de meu pai, amo e respeito sua saudosa alma com a mesma intensidade com que o amava e o respeitava quando estava em seu colo ou quando o ouvia ler Iqbal e Saadi para mim, eu, seu menino de ouro, o centro de todos os seus sonhos e esperanças patriarcais. Meu amor por ele é incondicional. Assim como eu sairia com minha mãe numa longa jornada subindo a montanha, meu pai, décadas depois, também iria sair numa jornada, que começou com o nascimento de Malala e viria a aproximá-lo muito mais de mim — de todos nós — na época de sua morte.

"DESATA O NÓ DE MINHA LÍNGUA"

Havia uma razão para ser eu, e não minhas irmãs, a acompanhar minha mãe e Fazli Hakeem até o alto da montanha. Uma vez na vida, não tinha nada a ver com o patriarcado que regia nossa casa. Minhas irmãs tinham uma enorme vantagem em relação a meu irmão e a mim. Podiam ter sido desfavorecidas por meu pai em todos os aspectos, mas a natureza lhes dera uma compensação. Minhas cinco irmãs tinham, todas elas, grande facilidade para falar, ao passo que meu irmão e eu começamos a gaguejar por volta dos quatro anos de idade. Não sei se meu irmão fora incentivado a superar essa dificuldade da fala. Quanto a mim, meus pais consideravam importante controlar esse defeito. Como me tornaria um médico rico se minhas palavras se prendiam na boca, sem se soltar da língua?

A gagueira é tida como um problema em parte genético, em parte psicológico. Os meninos sofrem mais de gagueira do que as meninas. Em nosso caso, tínhamos dois tios, um materno e um paterno, que eram gagos. Talvez minhas irmãs não tivessem dificuldade na fala por serem meninas. Talvez a gagueira nos tenha sido dada, a meu irmão e a mim, pela natureza. Mas também havia um ambiente em que nossa gagueira prosperava. Nosso pai dava atenção a nós, ao que tínhamos a dizer e, portanto, também ao que não conseguíamos dizer. Éramos meninos, e assim tínhamos todos os olhos sobre nós. Ninguém dava atenção às meninas e à fluência com que falavam. Podia-se considerar nossa gagueira como o único golpe contra o patriarcado em nosso lar.

O gênio imprevisível de meu pai não ajudava na minha gagueira. Eu tinha uma vontade enorme de lhe causar boa impressão, de despertar orgulho nele, mas não ficava à vontade em sua presença.

Apesar disso, quando eu travava nas palavras, engasgando e balbuciando, ele nunca gritava: "Pare com isso, Ziauddin!"; nem: "Fale logo!". Não me culpava. Não era cruel. Tinha bom coração. Talvez tenha sido por isso que ele procurou um santo para me ajudar.

Minha mãe, Fazli Hakeem e eu começamos nossa jornada tomando um ônibus em Barkana. Minha mãe disse que íamos até Mian Kaley, uma aldeola no alto das montanhas, para ver o santo que morava lá. "Ele vai tratar sua gagueira", disse com suavidade. O santo, quando era mais novo, fora muito ativo nas comunidades, ajudando a construir mesquitas e a criar trilhas nas montanhas. Nessas ocasiões, ele distribuía bênçãos e sempre havia mais homens batucando nos tambores, para incentivar os trabalhadores.

Não dava para chegar de ônibus até Mian Kaley e, assim, depois de uma hora de viagem durante a qual sofri enjoos terríveis, deixamos o ônibus e começamos a subir a pé a montanha de Shalmano. O sol já batia direto em nós e, ao darmos voltas e mais voltas entre as sempre-vivas e as árvores de troncos mais grossos do que as das planícies onde vivíamos, logo fiquei sem fôlego e quis parar. Fazli Hakeem me pôs de cavalinho nos ombros e passei as mãos em volta de seu pescoço, com a ponta dos dedos sob o queixo. Cansado por ter saído cedo, com a viagem traumática no ônibus e o calor do sol, volta e meia eu cabeceava de sono, a cada vez caindo para a frente, e Fazli Hakeem era obrigado a me ajeitar de novo para manter o passo. "Ziauddin! Ziauddin! Acorde. Fique falando. Fique falando comigo."

Quando chegamos ao alto, minha mãe foi até a casa de barro do santo e, quando nos aproximamos, sentimos o cheiro penetrante do arroz com carneiro que era preparado e distribuído aos visitantes e aos pobres. O Homem Santo, propriamente conhecido como *Peer Sahib* ou *Lewano Peer*, era um homem de grande generosidade, isso eu sabia. E também sabia que, se fôssemos até ele e ele orasse por nós, Deus atenderia a nossos desejos e orações.

Depois da refeição de arroz com carneiro, minha mãe e eu fomos levados até ele num aposento separado. Havia salas para as mulheres e salas para os homens, e pude ver que esse santo tinha pelo menos três ou quatro esposas.

Ele se sentou na minha frente. Eu nunca vira um homem tão velho e tão peludo. Tinha cabelo comprido e branco, mas havia mais pelos brancos que pareciam brotar de outros lugares, principalmente dos ouvidos. Esses pelos assustadores dos ouvidos eram tão compridos que, a meus olhos de criança, pareciam escorrer dos lóbulos como cascatas. Também era cego, e os dedos finos e compridos pareciam tatear à sua volta sem muita precisão. Minha mãe me sussurrou: "Ziauddin, ele enxerga com os olhos do coração".

Minha mãe já havia contado meu problema a ele ou a um ajudante. Ele murmurou algumas palavras do Corão Sagrado e então soprou em mim. Depois tirou uma bola de *gurr* do bolso. É um tipo de açúcar cristalizado que usamos no Paquistão. Em vez de dá-lo à minha mãe, como eu esperava, ele pôs a bola inteira na boca. Fiquei olhando enquanto chupava o açúcar por alguns segundos, e então pôs a mão em concha sob a boca cercada de pelos e cuspiu. Fiquei horrorizado ao vê-lo estender aquela bola molhada e escorregadia para minha mãe. Ela partiu um pedacinho e me deu. Senti náuseas com aquele fragmento viscoso, apesar do milagre supostamente contido ali, mas pus na boca, mastiguei e engoli. Levamos a bola para casa e todas as noites a rotina se repetia. A bola endureceu, mas eu sempre a via recoberta com a saliva do santo.

Gostaria de poder dizer que esse santo me curou, mas minha gagueira piorou. Quando fui para a escola, era como se a gagueira fosse uma maldição. Visto que minhas irmãs e outras meninas não tiveram educação, até parece ingratidão reclamar da infelicidade que a gagueira me trouxe nos primeiros tempos de escola, mas eu era alvo de muita chacota. Os meninos ficavam me imitando.

À maldição da gagueira se somavam outras duas coisas. A primeira, não éramos ricos; a segunda, meu pai era um *maulana*. O Paquistão é um país com sistema de castas, e quarenta anos atrás os professores favoreciam explicitamente os meninos ricos, sobretudo os filhos dos senhores tribais. Isso me entristecia demais. Eu era um menino inteligente e me esforçava muito. Precisava ter educação.

Os meninos zombavam da condição de meu pai e, assim, eu também comecei a me incomodar com isso. Com as orações, meu pai prestava um serviço à comunidade. Meu pai queria mais para mim. Podia ter dito: "Ziauddin! Você será um *maulana* como eu, aprendendo a educação islâmica apenas no seminário". Mas não disse. Meu pai era um intelectual, que recebera sua educação fora de Shangla, em Karachi e Délhi, dependendo da bondade e da caridade das comunidades locais, vagando com sua tigela para mendigar comida, como faziam todos os estudiosos do Islã naquela época. Ele queria uma educação moderna para mim, o que era uma coisa rara e pela qual vou sempre agradecê-lo. Mas esse grande sonho que ele tinha se concentrava num único objetivo: que eu me tornasse um médico bem remunerado, trazendo riqueza e prestígio para nossa família. Este era outro aspecto de nossa condição social.

"O mundo é um livro aberto, Ziauddin", dizia ele. "Está aí para ser lido."

A mensagem era clara: se a pessoa tiver grandes sonhos, precisa adquirir educação. Ser médico era o ápice.

Mas o problema era que eu não tinha pendor para a medicina.

* * *

Quando eu ouvia o *azaan* (chamado para a oração) durante o dia, preferia correr até a mesquita alta do povoado, rodeada de árvores, com insetos zunindo dentro e fora e uma fonte correndo pelo meio dela, a ir à mesquita baixa no outro lado da aldeia, perto do mercado, onde meu pai ficava na frente, em lugar especial. Não existiam, como hoje, alto-falantes transmitindo o *azaan* por cima das casas. Em minha infância, eram homens que gritavam o *azaan* no alto de um terreno ou de uma rocha.

Apesar de minha grave dificuldade na fala, eu estava decidido a ser orador como meu pai. Talvez fosse essa a centelha, a força de caráter, que meus pais tinham visto. É verdade que eu assumia uma postura de desafio diante de minha debilidade. Assumia a mesma postura quando via os meninos ricos e o tratamento especial que recebiam dos professores. Para resumir, o grande presente que recebi de meu pai foi o seguinte: ele me ajudou a transformar minha fraqueza em força.

Conforme eu passava de ano, foi ficando claro que eu era um dos alunos com maior potencial. Os professores não tinham como ignorar. Se os meninos ricos recebiam atenção por causa dos sobrenomes, eu recebia minha parcela de atenção pelo esforço e pela dedicação. Mas ainda era o gaguinho de meu pai.

Depois das amêndoas, passei um tempo comendo passas, que toda noite minha mãe deixava de molho no leite. De manhã, as passas estavam gordas, suculentas e muito saborosas.

Aos treze anos, quando passei a estudar na escola de ensino médio no povoado vizinho, onde meu pai lecionava, as palavras ainda não se desprendiam da língua. Mas anunciei a meu pai que ia entrar numa competição de discursos.

Embora de início tenha ficado surpreso e, pelo que vi, nada feliz com a ideia de ver o filho subir ao palco, meu pai fez uma coisa muito importante: não me impediu. Longe disso. Adaptando-se à ideia, passou a me incentivar. Acreditou em mim e, com seu apoio, senti mais força. A vida escolar no Paquistão é cheia de competições de discursos e oratória. Meu pai concordou em escrever um discurso para mim.

Eu ensaiava sozinho, horas e horas, a gagueira misteriosamente sumida. Mas quando ensaiava na companhia de meu pai, o gaguinho de sempre ressurgia.

Meu pai se mostrava muito paciente. Podia perder a paciência em casa com miudezas, mas no mundo exterior era meu protetor. Ficava a meu lado, me dando apoio.

Para ajudar no discurso, ele me ensinou uma oração famosa do Corão, que é a oração do profeta Moisés (a paz esteja com ele), que, segundo nosso livro sagrado, também era gago: "Ó Senhor meu, dilata-me o peito [com segurança], facilita-me a tarefa; e desata o nó de minha língua, para que compreendam a minha fala" (Taha 25-28).

Ainda hoje, com a gagueira quase sob controle, recito esses versículos antes de começar a falar.

Apresentei aquele primeiro discurso com perfeição, em urdu, o idioma nacional de nosso país. Não sei o que aconteceu, mas foi inebriante. Depois meu professor de matemática, Ahmed Kahn, chegou e disse: "Shaheen, você espalhou o fogo". *Shaheen* significa falcão, e por um tempo meu pai insistiu que eu assinasse como Shaheen. Esse sucesso me aproximou mais dele. Deu asas aos sonhos que ele tinha para mim, e me deu confiança. Comecei a me enxergar de outra maneira, não como um menino feio de pele escura e narigão que gaguejava, mas como um menino que ganhara um debate e que era capaz de vencer a fraqueza. Acredito que confiança gera confiança.

As competições ocorriam em toda a região e íamos juntos a toda parte, de ônibus. Certa vez, causei a impressão de ser um candidato especialmente fraco. Era uma viagem longa pelas estradas esburacadas e tive enjoos terríveis de novo. Fiquei pálido e coberto de suor. Havia outros concorrentes no ônibus, e vi que um menino do grupo me olhava como que rindo. "Ei, você vai discursar?" Assenti. "Ah, não vai, não", ele falou aos risos. Vi que eu era motivo de piada. Ninguém acreditava que aquele menino adoentado subiria ao palco. Mas, no dia seguinte, venci não só esse menino do ônibus, mas o distrito inteiro. Naquela língua gaguejante havia um grande orador. Meu sucesso foi a melhor resposta para a chacota do grupo. Chamo isso de revanche positiva. É um princípio que sustenta toda a minha vida. É uma maneira de corrigir os erros sem ódio.

Gostaria de dizer que essa eloquência pública curou minha gagueira. Mas não. Ela levou muitos anos para melhorar no dia a dia. Aconteceu quase por acaso, quando saí de Shangla e fui estudar ciências e inglês em Swat. Ainda sou gago, mas, conforme amadurecia e recebia mais reconhecimento, minha autoconfiança aumentava ficando mais fácil aceitar que a gagueira fazia parte de quem eu era. Conheci um ótimo médico, um fisioterapeuta — eu pessoalmente jamais seria médico — que me falou de Demóstenes, o orador grego, que punha pedrinhas debaixo da língua para tratar de sua gagueira. Demóstenes corria pela praia discursando mais alto do que o som das ondas. Também usei pedrinhas e rolava as palavras pela boca em exercícios novos. Mas outra parte dessa minha autoajuda consistia em escolher palavras diferentes das que travavam minha língua e, assim, se eu tivesse de escolher entre "lua" e "sol", escolhia "sol". Se sabia que ia gaguejar em "mulher", escolhia instintivamente "senhora". Isso obstruía minha fluência e às vezes sentia não ter controle sobre as palavras mais adequadas, mas conseguia expressar minhas opiniões. Era uma equação: palavra curta, mais fluência; palavra mais pesada, menos fluência. É assim até hoje.

Na primeira vez em que me pediram para apresentar um texto diante da turma na universidade e fiquei outra vez de língua travada, meu professor perguntou: "Ziauddin, não quer que alguém leia para você?".

"Eu mesmo vou ler", respondi. "Não me deixar ler é tirar uma parte de mim." Meu professor ficou muito envergonhado. Ficou horrorizado com seu erro. "Você tem toda a razão", disse. "Continue."

Li o texto. Não tinha como trocar as palavras, ia devagar, sem fluência, mas lembro que pensei: "Este sou eu, é assim que eu sou".

Anos depois, minha fala se tornou minha arma contra o Talibã. Podia não ser fluente, mas falava a verdade. Naqueles anos, quando o Talibã invadiu nosso vale e roubou nossa vida, conheci muita fluência verbal, muita retórica, mas sob aqueles discursos fáceis e eloquentes dos comandantes na rádio FM e em nossas praças havia mentiras. Minha voz podia parar e recomeçar, mas não ficava em silêncio e falava a verdade sobre o Talibã, que queria que vivêssemos num país de trevas.

O LEGADO DE MINHA BEYBEY

Meu pai pode ter me instilado o amor pela educação e a paixão pela oratória, mas era minha mãe quem oferecia uma bondade incondicional. No Islã, um homem chegou ao Profeta Maomé (a paz esteja com ele) e perguntou: "Ó Mensageiro de Deus! Quem entre todos é mais digno de minha boa companhia?". O Profeta (a paz esteja com ele) respondeu: "Sua mãe".

O homem prosseguiu: "E depois quem?". O Profeta (a paz esteja com ele) respondeu: "Depois sua mãe". O homem tornou a perguntar: "E depois quem?". O Profeta (a paz esteja com ele) respondeu: "Depois sua mãe". O homem perguntou mais uma vez: "E depois quem?". O Profeta (a paz esteja com ele) respondeu: "Depois seu pai".

Essas três menções à "mãe" me fazem lembrar que, quando publiquei minha primeira coletânea de poesia pashtun, em 2000, dediquei a obra a três mulheres, que foram mães para mim de formas variadas — minha primeira mãe, de verdade; minha segunda mãe, que casou com meu pai depois que minha mãe morreu; minha terceira "mãe", uma mulher bondosa que me tratou como filho quando vivi em sua casa durante meus anos na faculdade.

Minha mãe biológica se chamava Shahrukh, abreviado como Sharo, e eu a amava e ainda a amo muitíssimo, mesmo que ela já tenha partido deste plano. Era muito carinhosa comigo. Era boa com todos os filhos, mas comigo em especial, porque meu irmão mais velho se casou quando eu era bem criança, e quem passou a cuidar dele foi a esposa.

Pode-se dizer que eu era o seu queridinho. Ela tinha histórias incessantes sobre nossos vizinhos; contava como eram pobres, mas sempre perseverantes; como eram trabalhadores, e as lutas que enfrentavam em tempos difíceis. E que, apesar das provações e tribulações, conseguiam completar sua educação, realizar muita coisa na vida, ter bons empregos e, se tivessem sorte, ficar ricos. Creio que se pode dizer que, como mulher, minha mãe me legou uma coisa muito bonita. Ela mesma não tinha instrução, mas via o valor da instrução. Sabia que a única maneira para que eu pudesse morar num bangalô e ter o tipo de vida que ela não tinha era por meio da educação e de um bom emprego. Pelas normas sociais, ela não podia passar esse conhecimento para as filhas, mas podia passá-lo para mim; e eu, por minha vez, pude passá-lo para Malala.

Minha mãe era bonita, com a pele vários tons mais clara do que a minha. Mas não tinha boa saúde. Quando íamos ao médico, ele escrevia: "Mãe de Ziauddin" ou "Esposa de Rohul Amin". Às vezes o médico ia visitá-la em nossa casa, e eu segurava a caixa de instrumentos dele, com o estetoscópio e o termômetro. À minha maneira, era uma forma de servir à minha mãe, mas nem de longe se equiparava ao que ela fazia por mim.

Quando eu frequentava o último ano do ensino médio, no povoado vizinho onde meu pai lecionava, com dezesseis anos e os exames finais se aproximando, me mudei para um quarto numa casinha de hóspedes construída na frente da casa. Estudava lá até tarde da noite, deitado no catre e rodeado de livros, com um lampião de querosene ao lado. De tempos em tempos, via um vulto espectral passando pela janela. Parecia uma miragem, e eu pensava: "É Beybey ou algum fantasma?".

Uma noite, ela me acordou de um cochilo. Falava muito depressa. O lampião tinha encostado em meu travesseiro, com a chama ameaçando perigosamente atear fogo à cama.

Gostaria de poder tê-la salvado da mesma maneira. Em 5 de maio de 1985, minha mãe morreu. Eu tinha dezesseis anos. Estava sentado numa varanda pequena, do lado de fora de casa, com minha irmã e minha mãe. Era um período tenso por causa de meus exames na escola, principalmente porque sabia que não conseguiria as notas necessárias para cursar medicina.

Uma de minhas irmãs mais velhas viera ficar conosco, dormindo no mesmo quarto que minha mãe. Eu não tinha percebido o significado disso, mas hoje entendo. Quando a noite avançou, levantei minha mãe nos braços. Estava muito frágil, muito magra, e não conseguia andar. Levei-a para dentro, e ela ria e brincava: "Ziauddin, me ponha no chão! O que você está fazendo? Aonde está me levando?". Deitei-a na cama da casinha e fui para minha cama com os livros e o lampião. Na manhã seguinte, ouvi minhas irmãs gemendo e gritando: "Oh, minha Beybey... oh, minha Bey, Beybey". Tudo parecia tomado pelo pesar. Entrei na sala de nossa casa de barro e vi minha mãe deitada na cama, exatamente como eu a deixara, mas estava morta. Ninguém esperava que ela morresse. No mesmo dia, minhas irmãs purificaram seu corpo e ela foi enterrada. Apenas uma irmã, em Karachi, estava ausente. Chegou de ônibus três dias mais tarde, depois de uma longa viagem. A notícia do funeral de minha mãe foi anunciada por toda a aldeia pelos homens que chamavam para o *azaan*, e assim todos puderam comparecer. Eu mal podia acreditar que aquele anúncio fúnebre era para a pessoa que eu mais amava no mundo.

Meu pai ficou entristecido, mas, depois de alguns meses, já pensava em desposar outra mulher. Essa rápida substituição da esposa morta é tão normal em nossa sociedade que não a questionei. Os homens em nossa sociedade não vivem sozinhos. Entendi que meu pai *precisava* de uma mulher para cumprir todas as funções básicas que o mantinham vivo. Meu irmão começou a procurar uma nova esposa para ele entre as mulheres disponíveis nas proximidades. Não procurava beleza nem boas relações, mas uma mulher que o servisse como minha mãe o servira: lavando suas roupas, fazendo sua comida e cuidando de seus filhos. Ser esposa era um papel, e sem uma esposa uma casa não sobrevivia.

Apesar de minha dor, não pensei: "Oh, minha mãe se foi e agora meu pai vai se casar de novo". O que pensei foi: "Ele precisa de uma companheira para sobreviver. Vou ter uma segunda mãe".

Ficou decidido. Meu pai se casaria com uma viúva de meia-idade. Logo ela estava ocupando todos os lugares e papéis em nossa vida familiar que tinham sido de minha mãe. Eu sentia muita falta dela, mas não queria rememorar ou celebrar minha mãe na frente de minha segunda mãe, pois não queria magoá-la. Antes do casamento, um morador local disse a meu pai: "Você vai se casar com outra mulher, mas se lembre sempre de uma coisa: nunca elogie sua antiga esposa, sua esposa anterior, na frente da nova esposa. Os ciúmes entre as duas esposas de um marido não têm igual. Nem mesmo entre primos a inveja é tão grande! É a pior inveja do mundo".

Quando chegavam nossos dois feriados de fim do Ramadã, o Pequeno Eid e o Grande Eid, eu ia ao túmulo de minha finada mãe e nunca comentava com minha nova mãe. Por que ferir minha nova mãe, que era uma alma viva com sentimentos? Se eu sabia que minha dor iria magoá-la, e se falar do assunto não me beneficiaria em nada, não havia por que comentar com ela.

Minha segunda mãe ainda está viva. Quando Malala foi atacada pelo Talibã em outubro de 2012, minha segunda mãe estava em nossa casa em Mingora. Eram suas preces que Toor Pekai mais queria, "porque Alá respeita muito os velhos, os de cabelos brancos".

Desde cedo, minha segunda mãe disse sobre Malala: "Que você consiga ser a Benazir Bhutto de sua época, mas consiga também ter uma vida longa".

A desigualdade na vida de minhas irmãs e minha mãe teve um grande impacto sobre mim ao longo dos anos. Mas, mesmo aos dez anos de idade, lembro de começar realmente a gostar de servir às mulheres da aldeia. Naquela altura, era novo demais para que isso fosse uma espécie de protesto, mas recordo o prazer que sentia em ajudá-las. Essas mulheres eram mães iletradas com filhos trabalhando nos países do Golfo. Quando os filhos enviavam cartas a suas famílias, muitas vezes a pessoa que mais sentia falta deles não sabia ler e não podia se alegrar com as notícias. Não sei como pude entender isso sendo tão novo, mas comecei a ler as cartas dos filhos para as mães e, depois, a fazer o papel de escriba. Escrevia cartas por elas, depositando seus pensamentos e sentimentos na página da forma como queriam, para que pudessem se comunicar diretamente com os filhos, de quem sentiam tantas saudades e a quem tanto amavam, tal como minha mãe me amava.

Em Barkana, foi o destino de minha prima que contribuiu ativamente para minha mudança. Mostrou-me que a desigualdade também pode significar violência brutal. Vou chamá-la aqui de Noor Bibi para proteger sua identidade, mas não é seu nome verdadeiro. Ela tem quatro anos a mais do que eu e ainda mantém contato comigo, vivendo agora uma nova vida em outro lugar do Paquistão. Como eu, ela perdeu a mãe, mas a perda se deu quando Noor tinha apenas dois anos e meio de idade, e por isso ela não tinha lembranças felizes com a mãe para poder rememorar. O pai encontrou uma nova esposa, mas essa mulher não era boa nem afetuosa, e assim minha prima muitas vezes imaginava como seria sua vida se a mãe ainda estivesse viva. Aos catorze anos, foi dada em casamento a uma família de condição social mais elevada. Foi considerado um bom casamento, mas o homem era perturbado. Na noite de núpcias, foi brutal com ela, e assim continuou. Minha prima chorava um rio de lágrimas. Anos depois, o rio de lágrimas ainda corria. "Ziauddin, o que vou fazer? O que vou fazer?" Na época em que minha mãe morreu, eu me tornara muito romântico. Por causa das poesias que lia, já estava cheio de ideias sobre o amor puro e eterno, daquele tipo que nos arrebata e nos eleva às nuvens.

Esses meus elevados ideais de amor eram o pano de fundo da minha reação à pavorosa realidade de minha prima. Seu infortúnio era abominável. Eu não conseguia aceitar a profunda injustiça de sua vida. O casamento, embora sempre arranjado com o envolvimento das famílias, ainda significava para mim uma vida de amor. Eu aspirava a uma união amorosa, mas o casamento de minha prima era moldado pelo desrespeito e pela infelicidade.

Quando eu tinha dezesseis anos, minha prima já estava com vinte. Ela havia tolerado alguns meses de casamento como adolescente e depois fugira de volta para a casa paterna. Quando o pai morreu, foi morar com um dos irmãos. O patriarcado obriga as mulheres a se tornarem fardos, e foi o que aconteceu com minha prima. Do pai foi para o marido, em seguida voltou para o pai, depois foi para o irmão, sem meios de se sustentar ou viver com independência.

Então teve início um processo que se arrastou por anos para libertar minha prima do casamento que lhe fora arranjado. Seu irmão deu entrada numa petição na vara de divórcios, mas a família adversária impôs uma grande pressão social sobre sua família. A vergonha do casamento fracassado era grande e minha prima chorava muito. Tornei-me um de seus amigos mais próximos, pois não havia mais ninguém que a ajudasse. Sua luta também contribuiu para minha mudança.

Sem nenhum auxílio formal, ela recitava versículos especiais a Deus à meia-noite, estendendo-lhe as mãos e literalmente suplicando misericórdia e salvação. Vi que nossa sociedade não era feita para protegê-la e que as instituições judiciárias não se importavam.

Em desespero, minha prima também começou a consultar os chamados milagreiros, vigaristas e charlatães que brincavam com seus sentimentos, prometendo pôr fim a suas desventuras.

"Ziauddin", disse-me ela uma tarde, "venha comigo ao cemitério, por favor." Mesmo na adolescência, o cemitério me parecia um local assustador, mas haviam dado um amuleto à minha prima, recomendando que encontrasse o túmulo mais antigo possível e o enterrasse ali. Seu poder metafísico reverteria sua sorte. Ela estava aflita e esperançosa, e por isso concordei. Fomos ao meio-dia. Minha prima percorreu o cemitério como se estivesse à beira da loucura. Quando encontrou um túmulo velho, começou a cavar com as mãos, orando e entoando um cântico.

Dois anos depois, minha prima foi atingida na perna pelo kalashnikov de um assassino desconhecido. Foi levada ao hospital com uma bala de quatro centímetros alojada na perna e ficou hospitalizada por quatro meses e meio, até receber alta. Ainda hoje ela manca. Quando comecei a visitá-la no hospital, eu estava com dezoito anos e não morava mais sob o teto paterno em Barkana. Vinha lendo muitas ideias novas e conhecendo mais pessoas, e quando minhas concepções de vida começaram a se afastar lentamente da comunidade em que fora criado, prometi que, se eu tivesse uma filha, nunca permitiria que sofresse o tipo de vida que fora imposto à minha prima. Transcorreram mais oito anos depois de minha prima ser atingida e mais dois casamentos infelizes até que, finalmente, ela encontrasse a felicidade no quarto casamento.

Quando penso nos feitos de Malala, penso também nas outras mulheres de minha vida a quem amei, mulheres como minha prima e minhas irmãs, que não pude proteger da crueldade e da injustiça da sociedade. Tive de presenciar a injustiça em suas vidas para prometer que minha família seguiria outro caminho. Essas outras mulheres, tias, primas de segundo grau e avós de Malala, passaram a vida sonhando os sonhos de outras pessoas e obedecendo aos desejos de outras pessoas. Penso em todo o potencial que traziam dentro de si. Mas esse potencial ficou inexplorado, subestimado, desconhecido. Ninguém queria acreditar nele.

Quando as histórias e as vidas das pessoas à nossa volta são assim, geram uma mudança na gente. Comecei a repensar as ideias culturais de meu pai, do pai dele e de todos os pais do Paquistão de outrora.

UMA CANÇÃO DE LIBERTAÇÃO

Fui um menino muito obediente. Se meu pai se enfurecia com os primos mais ricos ou castigava minha mãe por alguma miudeza, eu nunca fazia qualquer objeção pública ou aberta a ele.

De onde venho, os filhos obedecem aos pais, em qualquer circunstância. Mas quando chegaram os resultados de meus exames, aos dezesseis anos, logo depois da morte de minha mãe, ficou evidente que eu não realizaria o sonho paterno de me tornar médico. Meu pai perdeu o interesse por minha educação.

Eu conseguira uma vaga na Universidade Jehanzeb, a melhor de Swat, mas meu pai tinha condições de pagar apenas uma parte das minhas despesas de subsistência. A Universidade Jehanzeb ficava a muitos quilômetros de distância, em Saidu Sharif, ao lado de Mingora. O ensino era gratuito, mas era impossível frequentar a Jehanzeb sem sair de Barkana. Não tínhamos parentes perto da faculdade — então, onde eu iria ficar? Meu pai recebera sua educação superior religiosa como um Talib tradicional, vivendo em mesquitas, com toda a alimentação e a roupa fornecidas gratuitamente pela comunidade. Ele não entendia por que deveria pagar por essas coisas, sobretudo porque parecia não haver muita chance de que eu virasse médico. Eu queria sair de Shangla, apesar de toda a sua beleza, para ter uma vida mais ampla, para aprender pelo gosto de aprender.

Mas, para meu pai, isso era um desperdício de dinheiro. Ele incentivara Ziauddin, o Falcão, a ter asas fortes, mas eu não ia voar na direção que ele queria. Lembro claramente de vagar pelas montanhas, com as faces cobertas de lágrimas. Meu futuro parecia sem esperanças. Estava perdido. Vi-me conduzindo búfalos e ensinando nada além dos fatos mais rudimentares aos meninos que viviam no alto das montanhas.

No exato momento em que tudo parecia perdido, aconteceu um milagre. Eu começara a ajudar na escola da aldeia montanhesa de Sewoor, onde meu irmão lecionava. Era considerada uma escola sem nenhum prestígio, porque ficava a uma hora e meia de escalada pelas montanhas além de Barkana, e era frequentada pelos filhos dos camponeses. Os professores não gostavam de dar aulas lá e a maioria mostrava pouco respeito pelos alunos, cujas famílias viviam na pobreza. "Eles que continuem analfabetos", costumavam dizer. Mas meu irmão tinha dado sua palavra e comecei a ajudá-lo. A escola não tinha sequer uma instalação própria. Usavam a mesquita. Uma de minhas irmãs se casara com um homem dessa aldeia e, por acaso, quando eu estava dando aulas na escola, um parente de meu cunhado foi visitá-los. Chamava-se Nasir Pacha e morava com a esposa, Bakht Mina Jajai, num povoado chamado Spal Bandai, a pouca distância da Universidade Jehanzeb. Nasir Pacha se impressionou com meu trabalho na escola do alto da montanha. Eu renunciara à esperança de frequentar a Universidade Jehanzeb e, quando contei que me haviam oferecido uma vaga lá, não comentei que precisava de auxílio para conseguir frequentá-la. Para meu completo espanto, ele disse: "Venha morar conosco". Enquanto o ônibus me levava de Barkana para aquele belo povoado, senti como se minha vida se abrisse. Foi realmente uma dádiva de Deus, porque significava liberdade. Liberdade de pensamento, liberdade de ter minha própria vida. Minha vida de estudante não foi fácil, pois eu era pobre, mas foi intelectualmente rica e fiquei conhecido como vigoroso orador e defensor estudantil. Durante o curso universitário, sobrevivi com uns trocados que recebia aqui e ali, às vezes de meu pai, de vez em quando de meu irmão. Não fiquei ruminando a falta de apoio financeiro de meu pai. Às vezes chorava de frustração, mas aceitava as circunstâncias, porque sabia que assim era meu pai.

Ele tinha ideais muito elevados. Falava o tempo todo de Gandhi e Iqbal, mas, depois que fui para a faculdade, comecei a ver que os elevados ideais do seu discurso nem sempre coincidiam com sua prática cotidiana. Creio que, depois que me mudei e passei a reformular minhas ideias, comecei a ver que ele tinha defeitos. Todos nós temos defeitos, mas é um momento marcante quando enxergamos isso em nossos pais. Nem por isso meu amor por ele diminuiu. Sei que tenho defeitos, e meus filhos são livres para perceber isso e fazer as correções que quiserem.

Extraio de minha experiência de vida várias conclusões sobre os pais. A primeira é que faz parte da natureza humana passar a vida pesando as relações que temos, boas e más. Esse irmão ou essa irmã foi bom ou boa para mim? Aquele amigo me apoiou numa época de necessidade? Fulano ou Beltrano estava lá quando mais precisei dele? E eu? Eu estava lá, quando foi minha vez? Em todas as relações, paga-se mais ou menos na mesma moeda, e creio que isso é muito humano. Quando alguém nos trata bem, procuramos retribuir. Quando alguém nos deixa na mão, não esquecemos. Idealmente, devíamos ser bons com todos os que são bons conosco. E idealmente, se são maus conosco, devíamos procurar responder com bondade. Mas sinto que nossas relações com nossos pais vão além disso. Considerá-las em termos de obediência significa ter que fazer como eles querem. Não é isso o que quero dizer, mas realmente acredito que o respeito é importante. Se alguma mudança em nossos pais é necessária, o bom seria que essa mudança pudesse ser incentivada com respeito e de maneira positiva. O respeito é uma questão de respeitar as posições deles e, ao mesmo tempo, agir com independência. Em minha relação com meu finado pai, não separo nem peso o bom e o mau. Sempre serei bondoso com meu pai e sempre o amarei. Às vezes é difícil amar uma pessoa quando ela nos decepciona ou nos faz chorar de frustração. Mas, concentrando-me no que meu pai me deu, e não no que não me deu, posso me ver reunindo tudo o que ele tinha de melhor.

Nas sociedades patriarcais, crianças e mulheres são vistas como propriedade dos pais. Isso é um problema para crianças como eu, que não querem ser propriedade. Eu queria encontrar um outro caminho, ser eu mesmo, abrir novos rumos e ter uma vida diferente da que meu pai queria para mim. Mas não queria rejeitá-lo. O que fiz, em vez disso, foi tentar lhe dar um motivo de orgulho por realizar os sonhos que sonhei para mim mesmo. No final, espero ter mostrado a meu pai que segui e realizei meus sonhos de uma maneira capaz de lhe dar cem vezes mais orgulho do que se eu tivesse simplesmente seguido um caminho traçado por ele.

Penso muito sobre transformação. Quando a pessoa se levanta contra a corrupção do Estado, contra o racismo, as ditaduras ou regimes brutais como o Talibã, às vezes é necessário um brado súbito, um grito súbito, um protesto raivoso súbito, como os poderosos comícios de Martin Luther King Jr., as vigorosas vozes femininas da campanha #MeToo ou a voz de Malala em sua campanha pela educação das meninas. Mas, ao mesmo tempo, para a transformação social que queria em minha vida — tratar as mulheres como iguais —, eu acreditava que a mudança mais importante começava em mim mesmo.

Depois de efetuar essa mudança em minha vida, que ficou mais fácil quando fui morar em Spal Bandai, onde as mulheres pareciam ter maior liberdade de ir e vir, senti que podia começar a convidar outros a se juntar a mim pelo exemplo, não pela força. Acho que sabia por instinto que não mudaria nada se voltasse a Barkana e contestasse de repente toda a comunidade, se ficasse na casa de barro onde minhas irmãs e primas ainda lavavam arroz, e fizesse longos discursos apaixonados sobre a emancipação feminina e o caráter odioso do patriarcado. Nunca, jamais pensei em provocar uma súbita transformação social em minha comunidade. Queria uma vida diferente da vida de minha tribo — e, em última instância, para ela também —, mas não pretendia desencadear uma revolução.

A transformação em mim tampouco foi súbita; foi gradual. O ataque à minha prima não foi o único ato de violência contra mulheres que vi em minha comunidade. Houve um crime de honra em nossa aldeia; uma mocinha foi envenenada e estrangulada pelos homens de sua família por amar um rapaz não escolhido por eles. Quando sua mãe procurou consolo sob a árvore favorita da filha morta, os homens da família derrubaram a árvore, pois a força do tronco e dos galhos era um símbolo demasiado expressivo da vida e da atitude desafiadora da jovem. Como imaginar perder a filha e então ver retirarem também a única coisa restante capaz de trazer consolo?

Com esse pano de fundo, eu estava descobrindo o amor, por meio do casamento e da paternidade.

A primeira lembrança que tenho de minha esposa, Toor Pekai, data de meus dezesseis anos. O pai dela era o melhor amigo de meu tio e eles moravam em Karshat, povoado vizinho a Barkana. Eu não tinha autorização para falar com Toor Pekai, mas sempre que ela visitava meu tio, parecia linda, com belos traços, olhos verdes e pele clara, atributo de beleza entre os pashtuns. A atração era mútua, embora na época ela não desse nenhum sinal. Isso traria grande vergonha à sua família, pois os casamentos eram arranjados pelos mais velhos, e não por iniciativa dos noivos em potencial.

Ainda me considerava um rapaz feio, mas era conhecido na aldeia como inteligente e trabalhador. Pekai — todos a chamavam de Pekai — contou mais tarde que dava mais valor à minha educação do que à minha aparência. Aos seis anos, ela iniciou e depois abandonou a escola, tendo vendido seus livros por nove *annas*, que usou para comprar um punhado de doces. Era a única menina na escola e sentia tanta falta das amigas que logo saiu para ficar com elas. Quando chegou à adolescência, era tarde demais para voltar. Salpicava tinta na roupa para dar a impressão de que ainda estudava.

O que Pekai sentia lhe faltar — educação —, encontrou em

mim. O que eu sentia me faltar — beleza —, encontrei nela. Logo depois do nosso casamento, eu viria a descobrir que sua beleza ia muito além do físico.

Lembro de uma tarde em que voltava a pé para casa, depois de deitar com meus livros nos campos, quando vi se aproximar um grupo grande de meninas rindo. Parecia um cardume de belos peixes multicoloridos vindo em minha direção, com os lenços a cobri-las quase por inteiro. Eu sabia instintivamente que Pekai estava entre elas e meu coração disparou. Eu estava com o velho que ajudava meu irmão com as búfalas. "Depressa!", disse-lhe. "Me dê um espelho!" Ele me estendeu sua caixa de rapé e, usando o espelho da tampa, ajeitei o cabelo. Ao passar, Pekai ergueu os olhos e me cumprimentou. "*Pakhair raghlay*", disse ela. Senti-me no paraíso. Uma saudação dessas, de uma menina para um menino, era coisa arriscada. Anos depois, ela me contou que, enquanto se aproximavam, havia dito às amigas: "Vou fazer isso. Vou cumprimentá-lo", e que elas disseram: "Não, Pekai, não. Não pode. Não é honroso".

Penso que essas pequenas coisas, em retrospecto, já diferenciavam Pekai desde então, mas havia limites. Uma vez, algum tempo depois, enviei-lhe meu retrato e ela o devolveu na hora. A mensagem era clara: eu tinha avançado demais. Ela não podia correr o risco de andar por aí com a foto de um rapaz. Nossa atração mútua tinha que se manifestar de maneiras mais sutis. Por exemplo, eu dava aulas particulares ao sobrinho dela e às vezes abria seu livro e via que Pekai tinha feito uma pequena marca ou anotação. "Quem fez isso?", perguntava, e, quando ele respondia "Toor Pekai", meu coração batia forte no peito. Sabia que ela queria que eu visse. Às vezes, sentindo-me desesperado por não poder falar com ela, sentava nos campos e falava com as pedras, fazendo de conta que era ela e declarando meus sentimentos.

Logo antes de morrer, minha mãe viu em mim essa paixão por Toor Pekai. Lembro que ela sorriu.

Os casamentos em nossa sociedade precisam ser combinados e demandam o consentimento das respectivas famílias. Muitas vezes isso é mais importante do que a concordância da noiva. Na minha geração, no norte do Paquistão, a jovem tinha que ser muito corajosa para se erguer contra a vontade do pai e dos irmãos. Não foi nosso caso. Nosso casamento foi arranjado por nossas famílias, mas para nós é um casamento de amor, pois queríamos muito ficar juntos. Malala nos faz rir desse assunto do arranjo matrimonial. "Sim, Aba", ela diz, "vou ter um casamento arranjado, mas sou eu que vou arranjá-lo." Penso que Pekai, pelo menos em espírito, era assim também. Desde o começo da adolescência, quando corria a notícia de que um homem enviuvara e estava procurando uma nova esposa — como meu pai havia feito — , ela ia logo para casa para deixar claros seus sentimentos, antes que a família tivesse a chance de sequer pensar na ideia de desposá-la com um homem de idade.

Casei-me com Toor Pekai aos 24 anos. Ela ainda não sabe muito bem quando nasceu, pois, sendo menina, não foi feito nenhum registro, mas cremos que tem mais ou menos minha idade. Ficamos noivos por três longos anos — foi uma agonia para mim. Por respeito à honra dela, eu não podia guardar sua foto junto ao coração enquanto estava fora, na faculdade, estudando primeiro para a graduação e depois para o mestrado, e assim peguei uma foto da famosa cantora e estrela de cinema Selma Agha, que eu achava parecida com Toor Pekai. Pegava a foto para relembrar que ela aguardava por mim em Karshat.

No casamento, nossa sintonia foi perfeita. Ela acreditava ardorosamente nas mesmas coisas que eu, já desde o começo: ajudar as pessoas, servir à comunidade, defender a educação para as meninas.

Minha esposa era forte, engraçada, sábia e, no entanto, as normas sociais fizeram dela uma iletrada. E pensar que eu a escolhera como companheira baseado apenas em sua aparência... E assim, quando Malala chegou, senti lá no âmago: "Essas preciosas mulheres em minha vida!". O amor que sentia por elas era capaz de mover montanhas. H_2O equivale a duas partes de hidrogênio e uma de oxigênio. É a mesma fórmula tanto para uma gota d'água quanto para um oceano todo. Hoje conto às pessoas que, quando apliquei o princípio básico da igualdade de gêneros à minha própria família, minha vida mudou. A vida de minha esposa mudou. A vida de minha filha mudou. A vida de meus filhos mudou, e posso dizer com toda a sinceridade que a vida de meu pai, ao envelhecer e se aproximar da morte em 2007, também mudou. Nós, os Yousafzai, afogamos juntos o patriarcado no rio Swat e isso trouxe grande felicidade a todos nós.

UMA SEGUNDA CHANCE

A única coisa de que meu pai precisava para mudar sua concepção sobre as meninas era uma inspiração, uma faísca que acendesse a bondade e a pureza dentro dele, e essa inspiração foi Malala. Hoje digo a Malala: "Jani, você é uma menina de sorte. Você tem esse carisma desde o dia em que nasceu".

Quando Malala nasceu, em 12 de julho de 1997, dez anos antes da morte de meu pai, Toor Pekai e eu morávamos em Mingora, a maior cidade no vale Swat.

Nossas famílias sabiam que tínhamos começado a viver nossa vida de outra maneira. Entre todos os parentes, éramos o casal mais liberal, progressista e esclarecido. Toor Pekai tinha uma liberdade de circular sozinha por Mingora que não encontrava par em nossa extensa família. Eu era criticado por causa disso, e ela também. Mas, com o tempo, meu pai passou a aceitar nosso modo de vida, e a família de Toor Pekai também. No começo, ninguém entendia por que eu incentivava Toor Pekai a sair por conta própria. Ia e voltava de lugares como o hospital, o consultório médico, o mercado, e nunca com acompanhante masculino. Quando meus amigos homens vinham a nossa casa, eu não esperava nem queria que ela cobrisse a maior parte do rosto. Esse relaxamento do *purdah* não era conduta normal nem aceitável para nossas famílias. Mas me mantive firme. Com o tempo, quando Malala passou a ser uma figura mais pública no Paquistão, esses aspectos de nosso novo modo de vida realmente fizeram com que nossos parentes e amigos nos respeitassem mais, mas foi uma jornada gradual. Orgulho-me por não termos cedido à pressão.

Meu esforço em me tornar um novo tipo de homem já estava bem adiantado quando Malala nasceu. Pekai ajudara nisso. Por isso foi uma grande surpresa que meu pai não quisesse comemorar o nascimento de Malala. Não tínhamos dinheiro na época e, como era uma menina, ele se negou a pagar a *woma*, a comemoração oferecida aos parentes quando nasce uma criança, que consiste em arroz e carne de cabra. Eu era um professor que vivia muito apertado e mal tinha dinheiro para nos alimentar, e assim Malala não ganhou festa de comemoração. Para meu pai, era mais uma vez a maldição de nossa casa outonal — o mesmo problema, apenas em outra geração, em outro lugar. Mas Malala iria lhe causar uma grande transformação.

Mesmo quando era bebê de colo, Malala tinha o que chamo de *campo magnético*. As vizinhas disputavam para segurá-la e, quando Toor Pekai voltou com ela à sua aldeia, Karshat, a bisavó e as tias-avós de Malala ficaram hipnotizadas olhando a bebê no colo de Toor Pekai. "Essa menina parece que vai ser especial, Pekai." "O que ela está fazendo com os dedos? Parece que está contando!" As parentes mais velhas disputavam para segurá-la.

Com meu pai foi a mesma coisa. Não conseguiu evitar o poder de Malala e simplesmente teve que se render a ele. Gosto de pensar que, mesmo bebê, essa foi a primeira ação da influência de Malala, que, ainda pequenina, já era poderosa demais para ser ignorada pelas várias pessoas que tinham sido criadas para desviar os olhos dela. Realmente acredito que as normas sociais são grilhões que nos escravizam. Acostumamo-nos a essa escravidão e então, quando rompemos os grilhões, a primeira sensação de liberdade pode assustar, mas, quando começamos a senti-la, percebemos na alma como é gratificante.

Foi o que aconteceu com meu pai. Como família — de início três, Toor Pekai, Malala e eu; depois quatro com Khushal; então, já no final da vida dele, cinco com Atal —, costumávamos visitar meu pai e minha segunda mãe em Barkana nas festas de Eid, indo num ônibus de excursão muito colorido, usando nossas melhores roupas, cheios de presentes e sacolas. Nos dias que passávamos lá, Malala e Toor Pekai ficavam confinadas aos aposentos das mulheres, enquanto nós, homens e meninos, éramos servidos pelas mulheres, com comidas e bebidas, exatamente como eu me lembrava. Mas foi quando meu pai e minha mãe (como desde o começo chamei minha segunda mãe, Khaista Bibi) vieram nos visitar em Mingora que vimos uma verdadeira mudança nele. A questão era simples: minha casa, minhas regras. Ele se submeteu de prontidão à nossa nova maneira de fazer as coisas. Eu acredito de fato que ele entendia a maravilha de estarmos todos juntos, comermos juntos, andarmos juntos, desfrutando mutuamente nossa companhia. Ele viu que essa maneira de amar traz benefícios e é realmente gratificante, pois traz alegria. Muitas vezes sinto vontade de dizer aos homens que vivem de uma forma que não valoriza as mulheres: "Vocês têm alguma noção da alegria e felicidade muito maior que *vocês mesmos* sentirão no coração se fizerem essa mudança?".

Meu pai nunca havia feito uma refeição com uma mulher à mesa, mas nós, os Yousafzai de Swat, comíamos juntos. Toor Pekai ainda mantinha um profundo respeito por ele, tirando as espinhas de seu peixe para lhe poupar o trabalho. "Rezarei por você", disse ele, cheio de gratidão.

Quando passei a ser politicamente ativo em Mingora, às vezes nem conseguia estar em casa na hora da refeição, e meu pai comia e falava com as mulheres por conta própria.

Conforme Malala crescia, sua personalidade reluzia — inteligente, eloquente, bem articulada. Começou a ser ótima aluna. Meu pai se entusiasmava com seu sucesso na escola. A netinha era boa em tudo. Era excelente em sua educação islâmica e em seu conhecimento do Corão Sagrado, e ele cantava: "Eis Malala/ É como Malalai de Maiwand/ Mas é a menina mais feliz do mundo".

Meu pai via as qualidades especiais de Malala, via como a respeitávamos e a valorizávamos, e foi assim que descobriu que uma menina vale tanto quanto um menino.

Quando Malala obteve o segundo lugar numa competição oral na escola, ele perguntou: "Por que essa menina brilhante não ficou em primeiro?". Tinha aspirações e expectativas para Malala de um jeito totalmente novo para ele, pai de cinco meninas das quais não esperara nada. E como amava Malala e sempre era bondoso com ela, Malala retribuía com muito amor, enriquecendo a vida dele.

Na última década de vida, meu pai pôde gozar desse ciclo de bondade. Quando nos visitava em Mingora, íamos fazer piquenique às margens do rio Swat, que considero um dos rios mais bonitos que conheço. Ele nasce no Swat de cima e desemboca no Swat inferior, e suas águas são límpidas e cristalinas, numa mescla de branco e azul. À distância, os picos do Indocuche somem entre as nuvens, e junto ao rio se estendem campos verdes luxuriantes, cobertos de árvores, flores silvestres e entalhes de antigos deuses nas rochas, últimos remanescentes dos mosteiros budistas do século II que outrora ladeavam as margens. Quando fecho os olhos, posso me ver de volta àquela paisagem, com toda sua felicidade, o ar carregado com o aroma dos arrozais cultivados nos campos adjacentes.

A beira do rio ficava repleta de famílias como a nossa, aproveitando o fim de semana. Ficava apenas a uns quatro quilômetros de casa, mas, como éramos em três gerações, não dava para ir a pé. Pegávamos um riquixá ou um micro-ônibus, carregados de vasilhas de arroz, frango e peixe que levávamos de casa. Nós sete — minha família de cinco, mais minha mãe e meu pai — atravessávamos o rio numa balsa até o outro lado, onde a relva era verde e luxuriante. Malala e os meninos mergulhavam no rio Swat ou jogavam bola, e meu pai sentava na grama ao nosso lado, às vezes usando seu tapetinho de orações, outras vezes orando sem ele. Passávamos horas ali, e o sol se punha atrás das montanhas no horizonte, tingindo o céu de carmim. Era sublime, muito romântico, e eu me sentia o homem mais sortudo do mundo, como se vivêssemos nessa parte muito especial e abençoada da Mãe Terra, amados uns pelos outros e pela natureza, morando no regaço da beleza. Antes do Talibã chegar e ameaçar nossa bela terra — no começo devagar e depois com mais violência em 2007, ano da morte de meu pai —, eu me erguia na margem do rio e exclamava: "Ah, como o mundo é lindo!".

Não havia nenhuma diferença entre nós nas margens do rio Swat. A mudança para Mingora me permitira um crescimento social, cultural e intelectual. Quando penso nisso agora, penso em todos nós juntos ali. Penso em Malala, a primeira pessoa do gênero feminino a abrir a mente de meu pai para o potencial das meninas. Creio que ele, observando Malala crescer, percebeu que apoiar uma menina era por si só uma recompensa, pois o trazia para nossa nova jornada. Meu pai via os sonhos que eu tinha para minha filha e se juntou a mim nesses sonhos, de forma que, no final de sua vida, meu pai e eu sonhávamos juntos.

2. Filhos

AS GUERRAS DE PIPAS

Khushal e Atal, quando eram meninos em Mingora, subiam no telhado de nossa casa alugada e empinavam pipas. Havia lá em cima muitos meninos com eles, correndo, gritando, sentindo o vento, manobrando com perícia a linha das pipas, de forma que nosso trecho de céu, com a cordilheira à distância, formava uma bela colcha de retalhos esvoaçante e colorida.

Empinar pipa constituía um elo entre os irmãos de Malala, como ocorre entre muitos meninos no Paquistão, Afeganistão e Índia. Estando hoje em outra terra, onde empinar pipas não é um esporte muito comum, me pego imaginando a liberdade que meus meninos não devem ter sentido de pé lá no alto da nossa casa enquanto o sol começava a se pôr no horizonte e o vento subia. Estavam sempre tentando pegar o melhor vento no alto do telhado. As únicas preocupações que tinham eram a força do vento e a distância a que levaria suas pipas.

Costumavam trabalhar em dupla. Atal segurava a pipa para

Khushal, enquanto Khushal ia com a linha até onde podia e então dava ao irmão a instrução crucial de soltar a pipa no ar. Então Khushal corria, reduzindo a distância entre eles, até que o vento levantasse a pipa.

A coisa de que mais gostavam era a disputa de pipas, em que trabalhavam como equipe contra outras duplas de meninos do bairro, cada uma tentando eliminar a pipa da dupla rival com manobras experientes, que incluíam embaraçar e cortar as linhas.

Nossas pipas não são como as europeias — as linhas não são de algodão, e sim revestidas com cacos de vidro ou metal, para cortar facilmente a outra linha. O Paquistão costumava ter inúmeras competições com guerra de pipas, que mais tarde foram proibidas por razões de segurança, depois que surgiram histórias de linhas traiçoeiras que caíam e feriam quem estava embaixo.

Para os meninos, era um esporte inocente, mas intensamente competitivo. Poucas vezes empinei pipa na infância, e assim eu não tinha como entender a perícia exigida, mas Khushal amava essas disputas. Muitas vezes passava horas no telhado, tentando fazer com que sua pipa voasse mais alto do que a do amigo ou procurando derrubar outras pipas do céu. O sol mudava de cor para marrom-escuro, e Toor Pekai sempre temia que ele se desidratasse. Mas nenhuma preocupação com a saúde e nenhuma repreensão por deixarem de lado o dever de casa eram capazes de fazer os meninos descerem do telhado.

Às vezes irrompiam casa adentro, rindo e gritando com uma pipa rival nas mãos. Reivindicar uma pipa rival, persegui-la pelas ruas de Mingora, pegá-la e finalmente levá-la para *sua* casa como troféu constituía o triunfo supremo.

Se a competitividade de Malala consistia em vencer os colegas inteligentes da escola, para os meninos a questão eram as pipas.

Mingora deixava os meninos tão felizes quanto me deixara. Como rapaz começando a formar minhas ideias sobre o que queria fazer da vida, o vale do Swat, em toda a sua beleza, dera-me muito. O mais importante, porém, era que me ajudara a me tornar quem eu era. Primeiro em Spal Bandai e então, depois do casamento, em Mingora, com Toor Pekai, eu passara a conhecer pessoas com quem podia conversar sobre política e escrever poemas.

Quando Toor Pekai e eu começamos a formar família, a beleza de nosso mundo espelhava o amor que havia em nossa casa.

Realmente acredito que todas as famílias são, à sua maneira, instituições —informais e não declaradas. Todos temos valores, por mais que contrastem entre uma família e outra. Mas eles não estão pregados numa parede como uma lista de regras. Há valores ditos e valores não ditos, que estão por toda a casa. Como pais, nossa esperança é de que sejam adotados e praticados por todos os membros da família.

Quando me tornei pai não só de uma menina, mas também de meninos, defini minha família como uma família que acreditava em primeiro lugar e acima de tudo na igualdade. Não escrevemos nas paredes de casa "Todas as mulheres e homens são iguais, todos têm liberdade de expressão", mas nossas vidas em conjunto ecoavam esses valores.

Embora o nascimento dos meninos tenha sido comemorado pela família estendida e pela comunidade de modo diverso do de Malala, eu estava decidido a não os tratar com qualquer diferença.

Estava decidido a criar uma família em que as três crianças não vissem nenhuma preferência entre os gêneros.

Também queria uma família que acreditasse na liberdade de expressão. Aprendera com meu pai a não ser exigente com uma criança que tinha algo a expressar, o que quer que fosse, vindo do coração ou da mente.

Mas como preservar esses novos valores vivendo imerso numa

sociedade patriarcal, quando todos os que cercavam meus meninos eram outros meninos e homens criados na velha tradição?

O que pensei foi que, se meus filhos me vissem agindo de certa maneira, pensariam que essa maneira era normal. Se vissem que a mãe deles podia ir sozinha ao mercado, que a voz dela valia tanto quanto a minha, que eu a respeitava e a amava pelo que ela era e não pelos papéis e deveres que cumpria para mim, que não havia limites para o futuro da irmã deles, isso certamente os poria num caminho diferente.

Acredito que todas as crianças aprendem com o que fazemos, não com o que ensinamos. Para nossas crianças, os modelos tinham de ser Toor Pekai e eu. Se Khushal e Atal me vissem tratando a mãe e a irmã com respeito e senso de igualdade, isso ajudaria a prepará-los para ser o tipo de homem que praticaria o mesmo respeito na geração seguinte. É assim que acredito que se dá a transformação social. Ela começa por nós.

Mas ficar o tempo todo dizendo aos meninos, com o ardor que eu tinha no coração, "Vocês são todos seres humanos. Não existe diferença, não existe superioridade. Somos todos iguais", quando a única coisa que realmente queriam era empinar pipa, seria contraproducente.

Assim, nunca falei que deviam tratar Malala com igualdade. Eu simplesmente fazia. Agia com base nas coisas em que acreditava. É um ótimo ponto de partida.

"Ziauddin", dizia a mim mesmo, "você não precisa ficar doutrinando os meninos. Apenas viva sua vida normalmente. Tenha amor. Tenha amor."

E amor, o que é? Amor é liberdade. Amor é respeito. Amor é igualdade. Amor é justiça. "Então", dizia a mim mesmo, "ame sua esposa e seja amado por ela, e assim as crianças aprenderão." Aferrei-me a isso quando o Talibã invadiu nosso vale e encheu nosso mundo de medo e ódio.

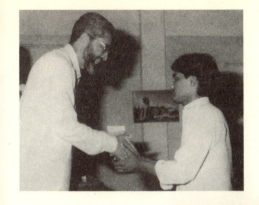

Por volta de 1986, recebendo o prêmio de melhor debatedor na Universidade Jehanzeb, em Swat, das mãos do reitor Danishmand Khan.

Cerimônia anual de entrega de prêmios feita pelo então secretário de educação, Mehmood Hahn, na Universidade Jehanzeb.

Minha esposa, Toor Pekai, e eu, recém-casados, em Shangla.

Toor Pekai e eu, com Malala e Khushal, na beira do rio Swat, por volta de 2001.

Meu pai, Rohul Amin, divertindo-se com seus três netos, Malala, Atal e Khushal.

Com Atal no colo, ao lado de Malala.

Discursando numa assembleia escolar em Mingora, 2008.

Dra. Fiona, mentora de meus dois filhos, comendo peixe com fritas nos jardins do castelo de Warwick, em junho de 2013.

Minha família e a de Kailash Satyarthi em Oslo, após a cerimônia do prêmio Nobel da paz de 2014, concedido a Kailash e Malala.

Comendo milho na espiga com Malala em Santa Barbara, Califórnia.

Discursando numa escola secundária feminina em Maasai Mara, no Quênia, em evento patrocinado pela entidade filantrópica Free the Children.

Construindo um muro numa escola em Maasai Mara, no Quênia, com Malala e Craig Kielburger, cofundador da Free the Children.

Em contato com refugiados sírios na Jordânia.

Com Malala no safári de Maasai, no Quênia.

Islamabad, 2018: Malala ganhando um beijo de minha mãe, Maharo Bibi, sentada ao lado da avó, Del Pasanda, mãe de Toor Pekai. Acima estão Toor Pekai com os irmãos, e eu apareço no meio.

Encontro de Malala com o tio, meu irmão Saeed Ramzan, em Islamabad.

Meu sobrinho Mubashir Hassan com Khushal, Malala e Atal.

Na nossa antiga casa em Mingora, em frente ao armário de troféus de Malala.

2018: um momento emocionante ao descer em Swat, no mesmo heliporto de onde Malala partiu ferida para Peshawar, após o atentado de 2012.

O TROFÉU ROUBADO

Como família, tivemos uma década de felicidade ininterrupta depois do nascimento de Malala em 1997, seguido pelo de Khushal em 2000 e pelo de Atal em 2004. Era nessa época que fazíamos piqueniques com meu pai à beira do rio Swat, ríamos, provocávamos uns aos outros, com Toor Pekai nos entretendo com mímicas, imitando esta ou aquela pessoa. Desde pequena ela era excelente nessa arte e, durante a infância, era tida como uma das crianças mais alegres e divertidas de Karshat. Mantinha o mesmo humor afiado e perspicaz, sem papas na língua, e para as crianças, era um ótimo contraste comparado a mim. Eu continuava a gostar de poesia e a enxergar o mundo de modo talvez menos pragmático do que as lentes com que Toor Pekai o enxergava.

Eu dirigia minha escola, a Escola Khushal. Na época, ela era financeiramente estável, cheia de meninas que, como Malala, eu queria motivar para que acreditassem nelas mesmas e se realizassem. Como eu gostava de ir de classe em classe, ensinando poesia às crianças, ouvindo-as falar de suas vidas e se tinham ou não apoio dos pais! Eu era muito ativo na comunidade, e participava de vários conselhos e grupos políticos. A vida era boa.

Khushal e Atal eram diferentes de Malala, desde o começo. Malala era estudiosa, sempre entrando e saindo das salas de aula de minha escola quando pequenina e, quando ela mesma se tornou aluna, dedicando-se com afinco, rodeada de livros.

Academicamente, destacava-se muito. Empenhava-se em ganhar troféus e prêmios sempre que podia. O sistema educacional no Paquistão é baseado na disputa, jogando um aluno contra outro num espírito competitivo, mesmo quando pequenos. É algo que pode ser bem desgastante para eles, como eu bem lembrava de minha própria infância.

Nunca desejei que minha filha e meus filhos fossem os melhores, embora reconheça que gostava disso. Mas não os pressionava nessa direção. O que eu queria era que se esforçassem, e por isso lhes dizia: "Não interessa se você fica em primeiro, segundo, terceiro, o que for. Não interessa, o que importa é tentar".

Os três foram educados em minha escola, e isso significava que eu via em primeira mão seus sucessos e decepções. Mas Malala não costumava ter muitas decepções. Quase sempre ficava em primeiro ou segundo lugar. Cuidava muito de todos os livros, de todas as folhas de prova. Mantinha registro de tudo. Tudo era muito limpo e organizado, e não jogava nada fora. Nisso ela puxou a meu pai.

Mas os meninos precisavam de mais apoio. Uma vez, numa assembleia, vi as lágrimas encherem os olhos de Atal e correrem pelo seu rosto quando o prêmio que achava que seria dele foi dado ao colega a seu lado. Depois disso, ficou tão distraído em sala de aula que seu professor veio me procurar, para que eu o consolasse.

Embora as notas deles não fossem tão boas quanto as de Malala, eu queria que os meninos se sentissem valorizados pelo que eram. Não queria que se sentissem indignos, como fui levado a me sentir na escola, o menino pobre e gago numa classe de meninos ricos favorecidos pelos professores por causa de suas origens. Mas, ao mesmo tempo, era professor e diretor. Amava a educação. Amava o aprendizado. Tinha conquistado a atenção de meus professores ao obter boas notas. A educação me salvara.

Na verdade, os meninos na maioria das vezes queriam apenas jogar críquete e subir no telhado para empinar pipa. Não estavam interessados em fazer o dever de casa.

Quando pequeno, Khushal teve alguns problemas de saúde que causaram grande preocupação a Toor Pekai, e isso coincidiu com uma época em que os pontos fortes de Malala vinham se evidenciando cada vez mais. Atal era alegre e sociável desde o nascimento e até hoje continua a ser o mesmo menino alegre, divertido, inteligente.

Khushal, hoje com dezoito anos, foi um menino complicado, e digo isso agora que temos entre nós a mais feliz e amorosa das relações. Mas nem sempre foi assim.

Eu vivia insistindo que ele lesse. "Khushal, meu sonho é chegar em casa e ver você lendo um livro, pois você nunca lê nada", dizia em tom irritado se o visse assistindo à televisão ou jogando no computador, ou se, ao voltar para casa, Toor Pekai me dissesse que ele havia passado horas no telhado, empinando pipa, sem ingerir nenhum líquido.

Uma tarde, depois das aulas — as aulas no Paquistão terminam cedo, fato que continua a incomodar os meninos agora que estão em escolas britânicas, que terminam muito mais tarde —, Toor Pekai entrou na sala e viu Khushal no sofá cercado de livros, e com um livro na mão. Era um acontecimento e tanto! "Khushal!", ela exclamou. "Você está lendo um livro?"

Ele respondeu: "Não, na verdade não estou lendo, estou realizando o sonho de meu pai de estar lendo". Quando Toor Pekai me contou, estourei numa gargalhada. Foi bom ouvir a tirada espirituosa de Khushal às minhas custas. Mas há aí uma mensagem: os sonhos dos pais podem ser um fardo. Eu, mais do que todos, tendo vivido com o vago pavor de não conseguir ser médico, deveria ter sido mais atento.

Sempre passei mais tempo com Khushal e Atal nos deveres de casa do que com Malala, mas isso porque Malala se motivava sozinha. No caso de discursos, de aprendê-los e prepará-los, tive grande sucesso com Atal, que era ótimo em competições de debates, e é um advogado nato, mas Khushal não se interessava em ser orador.

Certa vez, descobri que Khushal estava prestes a ganhar um troféu por seu trabalho acadêmico. Telefonei para Toor Pekai, que estava com as crianças em Shangla. "Ele ganhou!" Ficamos felicíssimos por ele. Não seria a última vez que Khushal me provaria ser capaz de se motivar.

Na volta à escola, Khushal recebeu seu troféu, mas, indo para casa, um menino o tomou e saiu correndo pela rua apinhada de gente. Quando Khushal irrompeu em casa, chorava tanto que Toor Pekai não conseguia entender o que havia acontecido. O troféu sumira. Toor Pekai saiu voando de casa e correu pelas ruas procurando o ladrão. Tenho certeza de que, se o encontrasse, ela pegaria o troféu de volta. Não teve sorte. Khushal ficou inconsolável.

Quando Malala soube, deu-lhe um de seus vários troféus e falou que escreveria nele o nome do irmão.

Foi uma boa ação, mas claro que Khushal queria o troféu que ele mesmo ganhara.

PAIS QUE ESQUECEM QUE FORAM FILHOS

A violenta talibanização do vale do Swat começou em 2007, e no final de dezembro de 2008 o líder do Talibã, Maulana Fazlullah, e seu porta-voz, Maulana Shahdauran, anunciaram pela Mullah FM, a rádio do movimento, que a partir de 15 de janeiro de 2009 nenhuma menina teria autorização para ir à escola. Os professores começaram a debandar de medo.

A educação de meus filhos não foi afetada pelo decreto. Mas Malala e as outras alunas de minha escola teriam que ficar em casa, esperando o casamento, esperando uma vida de serviços ao marido, escondidas atrás de um véu.

Como eu, pai de uma menina que amava aprender, que ajudara a construir uma família cujos princípios de vida eram a liberdade e a igualdade, poderia tolerar isso? Havia preenchido nosso lar com valores fundamentais: ser amoroso, ser bondoso, ter consideração pelos outros, ser solícito, ser igualitário, ser justo. E agora estava voltando ao modo de vida de minha infância, quando minhas irmãs eram esquecidas e ignoradas, enquanto eu era motivo de comemoração. Sempre sentira um vínculo profundo com Malala, e a proibição do Talibã quanto ao ensino apenas fortaleceu minha resolução. Malala era uma menina nascida numa sociedade patriarcal. De fato, concentrava-me mais em Malala do que em seus irmãos porque eles tinham nascido numa sociedade que os favorecia. Desde o momento em que Malala nasceu, combati o preconceito contra ela. Na época em que Khushal e Atal nasceram, tínhamos condições de realizar a cerimônia *woma* que Malala não ganhara. Mas raciocinei: "Por que haveria de ser diferente com os meninos?". Assim, nenhum dos dois, tampouco, recebeu essa comemoração importante. O mesmo quanto ao berço em que dormiam. Se o berço de segunda mão de Malala servira para ela, então serviria para eles também. Era como se o desequilíbrio de nossa sociedade estivesse sempre à espreita no fundo de meus pensamentos, exigindo ser corrigido.

Mas recentemente pensei: "Por que impedi que meus filhos tivessem a cerimônia? O nascimento deles merecia tanta celebração quanto o de Malala". As desigualdades que víamos diariamente em torno de nós não eram culpa deles. Por que, então, não podiam ser celebrados? Os meninos também têm necessidades.

Talvez eu possa agora me permitir esse sentimento porque Malala se saiu muito bem. Creio que o empoderamento das meninas não deve se dar às custas do enfraquecimento dos meninos. Meninos esclarecidos, confiantes, amados pela família, ensinados a se valorizar e a respeitar irmãs, mãe e colegas de escola, tornam-se homens bons e ajudam a concretizar a mudança. A maneira como Khushal e Atal, quando crianças, viam as meninas e as mulheres iria moldar a forma como veriam as mulheres e as meninas na idade adulta.

Mas a talibanização de nossa terra fazia com que eu me preocupasse em proteger nossos direitos, não em analisar ou pensar por iniciativa própria. Era uma questão de defender o pouco que já conquistáramos para as meninas.

O Talibã era um inimigo poderosíssimo, e seus pronunciamentos sobre a educação das meninas e mulheres eram tão abomináveis e devastadores para a vida delas que minha necessidade de me erguer contra eles fortaleceu meu vínculo com Malala. Passou a ser nossa missão.

Aos poucos, nosso envolvimento com a campanha se desenrolou de uma maneira que não incluía os meninos. Todos estávamos unidos nessa campanha, especialmente Toor Pekai, que nos deu sua aprovação e, acima de tudo, nos apoiou com sua calma e sensatez, mas não se fez visível porque, culturalmente, não podia aparecer. Nossa cultura patriarcal, somada aos efeitos da talibanização, convertia as mulheres em prisioneiras dentro das quatro paredes de casa.

Os meninos não tinham idade suficiente para entender de fato o que acontecia em Mingora. O que entendiam, encenavam no telhado de nossa casa, brincando de soldados armados atirando uns nos outros, o Talibã contra o Exército. Para eles, era uma brincadeira tão inofensiva quanto empinar pipa.

Entre 2007 e 9 de outubro de 2012, quando houve o atentado contra Malala, eu vivia tão atarefado com a campanha, discursando e comparecendo a comícios e conselhos, sozinho ou com Malala, que às vezes não me concentrava muito nos meninos. Quando o Talibã não estava queimando nossas escolas, açoitando pessoas nas praças ou matando meus amigos, seus membros estavam sempre presentes em nossa vida, vagando por ali, um lembrete do que poderia acontecer a qualquer um de nós.

A educação de meus filhos era de extrema importância para mim, mas não era em si tão notável quanto a de Malala. Fazia décadas que os meninos recebiam educação no Paquistão. E foi assim que Malala e eu partimos juntos nessa espécie de jornada, essa odisseia das meninas. Nossa campanha para salvar a educação delas em nosso país durou cinco anos, até o momento do atentado contra Malala, que, a essa altura, era a adolescente mais influente do Paquistão.

Foi nesse período que Khushal se acercou de um de meus maiores amigos, Ahmad Shah, e lhe disse: "Meu pai não está cuidando de mim como cuida de Malala". Doeu-me muito quando meu amigo me contou. Foi uma enorme surpresa, porque minha relação com Khushal era boa. Eu me interessava por seus estudos e o ajudava em suas leituras.

Todos os dias, como pais, tentamos ser bons. É uma espécie de investimento no futuro, pois ser pai é algo que prossegue ininterruptamente, com efeitos que moldam as gerações futuras de nossa família. É por isso que a vida familiar é tão importante.

Na qualidade de pais, dia após dia, podemos nos enganar pensando que estamos fazendo tudo certo. São momentos como este, quando Khushal se queixou a meu amigo, que me lembram como é difícil ser pai. Eu tinha pensado: "Sou um bom pai para todos eles". Notei que, conforme a fama de Malala aumentava em nosso país por causa da sua campanha, Khushal podia estar pensando: "Talvez meu pai é que esteja lhe trazendo fama". Mas eu lhe disse que era realmente Malala quem despertava aquela disposição em mim, e não só em mim, mas em muitas pessoas de nossa comunidade. Ela tinha um dom especial para fazer campanhas e discursos. Malala tem talentos únicos — eu não —, mas na época ainda era uma menina que precisava da companhia de um adulto. Foi isso que nos tornou únicos.

As palavras de Khushal me atingiram, e me empenhei ao máximo para corrigir o desequilíbrio, mas, na verdade, não tinha muito tempo, porque estava muito envolvido em minha batalha contra o Talibã. Nisso, falhei com Khushal de uma forma que meu pai nunca falhou comigo. Meu pai podia não ter dinheiro, mas me dava toda a sua atenção. Arranjava tempo. Eu andava tão ocupado com o que estava acontecendo em minha região que, quando nos tornamos refugiados internos em 2009, com a vinda do Exército paquistanês a Mingora para eliminar o Talibã, cheguei a esquecer o aniversário de doze anos de Malala. Todos nós esquecemos.

Em 2011, ano anterior ao ataque a Malala, o mesmo ano em que ela ganhou o Prêmio Juvenil Nacional da Paz, do Paquistão, e Osama bin Laden foi morto em Abbottabad, Toor Pekai e eu tomamos uma decisão ruim sobre o futuro de Khushal. No começo de 2012, ano terrível por causa das ameaças de morte feitas pelo Talibã, enviamos Khushal para um colégio interno muito bom, a quilômetros de distância, também em Abbottabad. Como acontece muitas vezes, pensamos que era para o bem dele. Queríamos o melhor para Khushal e Atal, assim como queríamos o melhor para Malala. Pelo menos nossos meninos poderiam se beneficiar de uma boa educação numa das várias escolas masculinas. No Paquistão, os colégios militares para cadetes em geral são considerados as melhores escolas para meninos. Quando Malala era criança, as meninas não podiam frequentar essas escolas, mas desde 2014 há uma escola de cadetes para meninas em Marden, sinal de que a mudança em nosso país vem ocorrendo aos poucos. Decidimos que devíamos enviar Khushal a um colégio particular a fim de prepará-lo para ingressar numa escola de cadetes. Escolhemos Abbottabad, a horas de distância do vale do Swat, porque era um lugar mais pacífico. Desde o começo, Khushal não queria ir, mas eu o obriguei.

Acreditava ser meu dever dar a Khushal o que me parecia necessário a ele. Estava cuidando dele. Foi uma decisão cara — os custos eram muito maiores do que qualquer despesa que tive com a educação de Malala — e o erro saiu caro.

Malala estava indo muito bem na Escola Khushal. Era ótima aluna, mas eu sentia que meu filho Khushal precisava do impulso adicional de uma escola melhor. Por que não dei ouvidos a ele? Khushal odiou a escola desde o começo. Chorava o tempo todo. Os professores batiam nos meninos — coisa nada incomum nas escolas paquistanesas naquela época. Foi traumático para ele.

Em todos os telefonemas, ele implorava que fôssemos buscá-lo, dizendo que ia fugir. "Vocês me puseram numa cadeia", ele gritava ao telefone. Toor Pekai vivia aflita. Todos sentíamos sua falta, especialmente Toor Pekai. Eu também sentia uma tremenda falta de Khushal, mas aferrava-me àquela perspectiva mais ampla que tinha para ele: boa escola, boa faculdade, bom emprego, futuro seguro.

Khushal deve ter ficado lá uns dois ou três meses, e por fim, na segunda vez que veio nos visitar em casa, recusou-se a voltar. Foi uma demonstração daquela força de caráter que queríamos dar a todos os nossos filhos.

"Desta vez não vou", disse Khushal. "Fico aqui." E falava a sério.

Tive de ceder, apesar do alto custo da iniciativa. Mas não queria que ele me julgasse um pai ruim nem sentisse que eu o tratara mal. Queria ser lembrado como pai bondoso, gentil, responsável.

Isso me fez pensar que, quando os sonhos dos pais para os filhos contrariam seus desejos, quando ameaçam acabar com a felicidade do presente, esses sonhos podem violar os direitos básicos das crianças. Nós que somos pais pensamos que nós é que sabemos, que podemos decidir o melhor, mas nem sempre estamos certos.

Khushal estava totalmente acostumado com o nosso amor,

com os amigos, com sua vida em Mingora. Como fui capaz de pensar em tirá-lo dali em nome de um futuro brilhante que eu mesmo inventei para ele? Foi o que meu pai fez comigo! Eu não devia ter feito aquilo.

Todo pai foi filho na vida, mas os pais podem esquecer que foram filhos. Khalil Gibran tem alguns versos que, a meu ver, resumem o que só vim a aprender realmente tempos depois. E aprendi com uma dura lição. "Teus rebentos não são teus rebentos;/ São os filhos e as filhas do anseio da Vida por si mesma./ Vêm por meio de ti, mas não de ti,/ Estão contigo, mas não pertencem a ti."

Logo depois do retorno de Khushal, ele e Atal estavam de volta ao telhado, juntos, as pipas dançando ao vento. Nunca mais sairia de lá, disse-nos Khushal. E nós também nunca quisemos deixar nosso belo vale do Swat.

Na manhã de 9 de outubro de 2012, durante nosso rotineiro café da manhã de *chapatis*, ovos fritos e o chá açucarado que tanto aprecio, Toor Pekai disse a Atal que voltasse para casa no ônibus escolar junto com Malala. Ela vivia extremamente nervosa com a segurança de todos os filhos, e não se acalmava enquanto não estivessem de volta a casa, com ela. Quem dirigia o ônibus era Usman Bhai Jan, um homem simpático e engraçado que entretinha as crianças com truques de mágica e histórias cômicas. Atal era também um menino engraçado e atrevido, um bom páreo para Usman. Também podia ficar muito malcriado nesse trajeto de ônibus da Escola Khushal até nossa casa. Muitas vezes se recusava a sentar dentro do ônibus, com as meninas, preferindo ir perigosamente agarrado na traseira enquanto o veículo seguia ziguezagueando entre as ruas esburacadas de Mingora. Tinha apenas oito anos, e era leve como uma pluma. Usman receava, não sem razão, passar por algum buraco fundo, que daria um tranco forte e faria Atal sair voando da traseira do ônibus, o que lhe causaria ferimentos graves ou até a morte.

Na hora do almoço, por ordem de Pekai, Atal saiu da escola primária para se encontrar com Malala. Eu passara a manhã na escola, não na ala de Malala, onde ela estava fazendo algumas provas, mas na divisão do primário de Atal. À hora do almoço, saí para ir a uma reunião no Clube de Imprensa de Swat, como presidente da Associação das Escolas Particulares. Pekai estava em casa, preparando-se para ir a uma aula de inglês.

Como de hábito, Usman chegou à frente da escola com sua *dyna*, uma perua aberta. Malala estava com as amigas, vestidas com seus uniformes, e ali entre o grupo de adolescentes com suas *shalwar kamiz* e lenços escolares estava o pequeno Atal, correndo de lá para cá, todo traquinas e transbordando de energia. Quando as meninas entraram na parte de trás da *dyna*, Atal não quis sentar. "Atal Khan, se você não sentar ali dentro, não vou levá-lo", disse Usman Bhai Jan. Usman lembra desse dia como a vez em que se sentiu farto da tensão de levar Atal para casa de maneira tão arriscada. Mas Atal preferia voltar caminhando a dar o braço a torcer e, depois de um breve impasse em que Atal tentou convencer Usman a deixá-lo ir agarrado na traseira, Usman resolveu ir embora sem ele. Atal ficou furioso ali parado, olhando a *dyna* desaparecer pela estrada Haji Baba, com os pneus levantando terra e poeira. Ele não gosta de perder uma queda de braço. Não me agrada nada a ideia de que Atal tornava o trabalho de Usman Bhai Jan de dirigir o ônibus escolar ainda mais difícil do que já era. Em 2012, fazia três anos que o Exército paquistanês havia afastado o Talibã de Mingora, mas ainda havia soldados e postos de controle, que a *dyna* tinha de atravessar pelo menos quatro vezes por dia. Mas, em vista do que iria acontecer, hoje eu olho para trás e penso: "Graças a Deus, a desobediência de Atal o deixou de fora do ônibus naquele dia". O próprio Atal diz: "Aba, tive sorte de não estar naquele ônibus".

Enquanto Atal começava a voltar a pé para casa com seus amigos, Usman tomou seu percurso habitual, subindo a estrada Haji Baba, virando à direita no posto de controle militar e prosseguindo por uma estrada na colina, um atalho movimentado que pareceu a Usman estranhamente deserto. Em qualquer outro dia, pendurado na traseira da *dyna*, Atal teria sido o primeiro a ver os dois rapazes saindo do acostamento e mandando o ônibus parar. O primeiro rapaz ficou na frente tentando distrair Usman, enquanto o outro foi para a traseira, onde Atal normalmente estaria. "Quem é Malala?", perguntou às meninas ali sentadas. Quando todos os olhos se voltaram involuntariamente na direção de minha filha, o rapaz ergueu a arma e apertou o gatilho. A bala atravessou a cabeça de Malala e depois atingiu suas duas amigas, Shazia e Kainat.

Malala não se lembra de nada. A única coisa que Atal recorda do Paquistão é a felicidade de empinar sua pipa, mas, se Usman lhe tivesse permitido ir na traseira naquele dia, Atal poderia ficar traumatizado para o resto da vida ao ver a irmã alvejada à queima-roupa. *Quem é Malala?* Quando o corpo de minha corajosa filha tombou para a frente e o sangue se espalhou pelos assentos e pelo assoalho da *dyna*, Atal pensaria: "Malala é minha irmã e agora está morta".

Nunca mais os meninos iriam empinar pipa. Usman foi a toda velocidade para o Hospital Central de Swat. Eu tinha desligado meu celular para fazer um discurso, mas meu amigo no Clube de Imprensa de Swat recebeu a notícia de que o ônibus da Escola Khushal fora atacado. Fiquei estupefato. Será que Malala fora ferida? Atal estava no ônibus?

Subi ao palco e me desculpei. Outro amigo recebeu uma ligação. Malala fora ferida. Contei essa história muitas vezes nesses últimos seis anos, mas continua a ser muito penoso. *Ai meu Deus. Ai meu Deus.* Fui correndo no carro de meu amigo até o hospital, onde Malala estava num leito. "Oh, minha filha valente, minha valente Malala, minha valente menina, tão valente", dizia eu enquanto beijava sua testa, que fora envolta numa faixa e agora estava úmida de sangue. Não consegui chorar. Não consegui derramar uma única lágrima. Creio que havia passado do ponto do pranto. A única forma de descrever o meu estado é dizer que me senti sugado por um profundo buraco negro. Estava fora da estrutura do tempo e do espaço. Sentia-me uma pedra, absolutamente amortecido. Chamaram um helicóptero para levá-la a um hospital muito maior em Peshawar. Corri ao lado da maca enquanto ela era levada ao heliporto em Mingora, a cerca de um quilômetro de casa. É estranho assistir ao vídeo agora. Fiquei indiferente enquanto sobrevoávamos a paisagem. Malala estava a meu lado, vomitando sangue. "Por favor, Deus, por favor, Deus, permita que ela sobreviva", eu suplicava. Em casa, depois de saber da notícia, Pekai começou a recitar o Corão em seu tapete de orações. "Não chorem", disse às inúmeras mulheres que tinham acorrido a nossa casa. "Rezem." Atal, quando entrou em casa, ligou a televisão e viu as imagens no noticiário. Começou a chorar e chamou Khushal. Cravaram os olhos na faixa de notícias que corria na parte de baixo do telejornal, preparando-se para ler as palavras: ADOLESCENTE PAQUISTANESA MALALA YOUSAFZAI DECLARADA MORTA. Todos nós víramos isso acontecer com Benazir Bhutto em 2007.

Três dias mais tarde, depois da cirurgia de emergência no Hospital Militar Combinado em Peshawar e do posterior atendimento no Instituto de Cardiologia das Forças Armadas em Rawalpindi, às cinco da manhã do dia 15 de outubro, uma segunda-feira, Malala foi levada numa ambulância com escolta armada ao aeroporto de Rawalpindi, para um avião particular da UEA que a aguardava. As estradas foram fechadas e havia atiradores de elite ao longo das ruas. A maca foi embarcada e logo Malala estava outra vez nos céus, transportada para um hospital de nome Queen Elizabeth, numa cidade desconhecida chamada Birmingham, no Reino Unido. Esse hospital iria lhe prover o tratamento vital que, se tivéssemos muita sorte, poderia restringir os danos que a bala infligira a seu cérebro.

Enquanto esperávamos sair do Paquistão para ficar junto com ela, Khushal irrompeu em lágrimas à mesa e exclamou: "Éramos cinco e agora somos quatro!". Não estava escrito nas paredes de nossa casa que nossa família sempre seria de cinco pessoas, assim como não tínhamos nenhuma necessidade de escrever "Somos todos iguais", mas era verdade. Sempre fôramos cinco. E agora não éramos mais.

As pipas dos meninos ainda estão em Mingora, numa caixa, com as linhas intactas, junto com a cama de Malala e seus troféus, certificados, prêmios, livros e boletins escolares, prova da educação que lutava para preservar.

Nossa casa agora está alugada a outra família. Um dos aposentos ficou destinado aos nossos pertences, que eles embalaram para nós em nossa ausência, relíquias da vida feliz que tivemos lá.

AS BELAS MUDANÇAS

Quando eu era menino e jogava críquete no telhado lamacento de nosso barraco, meu pai me chamava: "Ziaaaaaaaaaa-udina!". Antes mesmo de terminar a última sílaba, eu já estava ao seu lado. Postava-me diante dele, muito obediente, como um soldado quando o oficial grita "Sentido!". Mas quando meus filhos entraram na adolescência no Ocidente, não vi em nenhum deles essa obediência automática, e admito que teria gostado de vê-la. Precisava dela.

Eu avisava escada acima que o jantar estava pronto, mas recebia apenas silêncio como resposta. Será que não teriam me ouvido? Muitas vezes subia a escada em nossa casa em Birmingham, que parecia muito estranha com seu revestimento de mármore e aposentos vazios, e abria as portas dos quartos dos meninos, que lá estavam inclinados sobre a tela dos computadores, envoltos numa nuvem de luminosidade azul. "Vocês não me ouviram?", perguntava. Às vezes nem sequer me olhavam. E eu sempre falava de minha infância: "Quando eu era menino e jogava críquete...". Não fazia a menor diferença. "Por que você não pode ser como o filho que fui para meu pai?", perguntava a Khushal, que a meu ver tinha idade suficiente para entender que eu merecia respeito.

Eram sempre computadores, Xboxes, Game Boys, aplicativos de celular. Não entendia esses aparelhos, e muito menos sabia usá-los. Minha primeira experiência com um computador foi aos 35 anos de idade.

"Por que vocês estão me ignorando?", perguntava zangado aos meninos. Ficava muito irritado. Khushal parecia estar crescendo rápido.

Que fim tivera o Ziauddin liberal? O pai que enxergava seus erros no Paquistão, que acreditava na igualdade e na liberdade, que queria encorajar os filhos a se expressar livremente? Onde estava aquele Ziauddin que desejava criar os filhos de uma nova maneira, mais branda, mais aberta? Durante uns dois anos e meio, aquele Ziauddin sumiu. Não conseguia encontrá-lo.

Separado de nossa cultura, de nossa família, de uma estrutura de apoio com meus amigos e as amigas de Toor Pekai, tinha muitas dificuldades com os meninos. Eles estavam levando uma vida ocidental na Inglaterra que me era desconhecida. Eu, um pai muçulmano do Sul asiático, sentia medo de perder meus filhos. Não é algo incomum entre pais asiáticos, e entendo isso.

Eu via que a distância entre nós se tornava muito maior do que jamais fora a distância entre meu pai e mim. Apesar de toda a minha modernização na juventude, eu continuara obediente e respeitoso. Embora tivesse aprendido inglês e entendesse a importância da igualdade, a ponte entre meu pai e mim era nossa fé, nosso amor pelos grandes escritores urdus e pashtuns e, em última instância, o fato de que nunca contestei sua autoridade. Minha missão tinha sido a de dar poder a Malala, não a de retirar poder de meu pai me valendo do desrespeito.

Teria eu voltado a uma criação de tipo autoritário, baseada no medo? Ou será que os meninos, agora em contato com uma sociedade com outros valores, eram menos propensos à obediência e à minha palavra final? "Seus doidos", dizia eu. "Vocês não me ouvem." E não estava brincando. Mas os meninos não levavam a vida que eu levara quando tinha a idade deles, nem mesmo a vida que levariam se tivéssemos ficado no Paquistão. Estavam traçando, ou tentando traçar, seus próprios rumos num mundo novo.

No começo, havia ainda outro problema. Quando chegamos à Inglaterra, os meninos estavam traumatizados, em especial Khushal. A dra. Fiona Reynolds, a pediatra da unidade de tratamento intensivo em Birmingham, que por coincidência estava no Paquistão quando Malala sofreu o atentado e ajudara a salvar sua vida, relembra a primeira vez que viu os meninos. Estavam num beliche em Rawalpindi, enquanto esperávamos o voo para a Inglaterra. Atal dormia fundo, mas Khushal, contou-me ela mais tarde, era o menino mais apavorado que tinha visto na vida.

Os meninos só começaram a frequentar a escola na Inglaterra muitos meses depois de nossa chegada. Passavam a maior parte do tempo jogando no computador, primeiro nos alojamentos do hospital, depois no apartamento no décimo andar de um prédio no centro de Birmingham. Não tinham nada para fazer. Entediavam-se. Toor Pekai e eu só falávamos do tratamento e da recuperação de Malala. Para nós, não havia *nenhum* outro assunto para tratar.

Khushal estava com treze anos e gritava para a tela do computador. Quebrou oito controles. Não lembro como chegamos a ter oito controles. Atal também jogava no computador e comia doces. Nenhum dos dois entendia o que se passava. Estavam assustados.

"Eu simplesmente seguia os outros. Não sabia o que estava fazendo. Tudo estava endurecendo", foi como Atal me explicou mais tarde. Certa vez no hospital, num período em que Malala tinha dores de cabeça pavorosas e líquido cerebral vazava pelos ouvidos, ele gritou: "Me dê meu passaporte. Eu exijo meu passaporte. Vou voltar para o Paquistão".

Todos nós chorávamos.

Como se ajudar a salvar a vida de Malala já não fosse uma dádiva suficiente, a dra. Fiona e seu marido Adrian começaram a levar os meninos em passeios para integrá-los pouco a pouco ao estilo de vida ocidental. Foram ao cinema no shopping Bullring de Birmingham, coisa em que os meninos mal conseguiam acreditar, e ao castelo de Warwick, dessa vez também com Malala. O projétil ensurdecera um dos ouvidos de Malala e cortara um nervo facial, o que fez com que um dos lados do rosto ficasse caído. Mas, por milagre, não afetara a memória, o cérebro e nenhum membro. Quando começou a se recuperar, Malala ia com os meninos nesses passeios. Iam, por exemplo, ao boliche e ao Nando's, onde todos comiam frango frito.

Eu devia ter visto que tudo mudara, e que os meninos precisavam lidar com essa mudança à sua própria maneira. Mas, em vez disso, depois de cerca de um ano na Inglaterra, minha relação com Khushal começou a se deteriorar. Não se acostumara bem à escola como Malala e Atal, e, ao contrário deles, ainda não tinha nenhum amigo próximo. Sentia muita falta do Paquistão, dos amigos, da pipa, da vida que levava lá. Para ser sincero, eu também sentia falta do Paquistão. Toor Pekai sentia falta do Paquistão. Malala sentia falta do Paquistão. A única pessoa que não tinha saudades era Atal, que logo esqueceu as memórias que nos invadiam.

Khushal também tinha idade suficiente para entender o que acontecera com a irmã. É um rapaz emotivo e de reflexões profundas, e reconheceu o ódio do Talibã. Atal, nossa veloz flecha brilhante, era novo demais. A sorte o poupara de estar no ônibus naquele dia fatídico. Cercado por seus novos amigos, logo aprendeu inglês sem problema nenhum. Em pouco tempo, era como se tivesse nascido na Inglaterra.

Os deveres escolares pareciam ter importância secundária. Khushal era viciado em games. Eu o ouvia pela porta, falando com alguém, mas não havia ninguém ali com ele, e depois gritando, e me surpreendia: "O que ele está fazendo? O que vai ser desse menino?". Aquilo me parecia inaceitável, e eu tinha medo de estar perdendo meu filho. Queria que ele se concentrasse nos estudos, aprendesse e dedicasse pelo menos algum tempo aos livros. Continuava pensando: "Quando ele vai enjoar dessas coisas de computador?". Sentia aflorar o pior de mim.

Os adolescentes precisam de um mentor com quem possam explorar o que são sem expectativas nem medo de serem julgados.

No Paquistão, tinha sido fácil ser pai dos meninos. Eram mais novos naquela época, e estavam ligados a uma comunidade maior com a mesma cultura. Iam à mesquita. Iam à casa dos amigos e encontravam os primos em Shangla. Tínhamos gente à nossa volta, falando, cozinhando, orando, debatendo ideias.

A saída do Paquistão trouxe à nossa família uma mudança revolucionária, uma guinada de 180 graus. Deixáramos uma casa cheia de amigos e parentes e passáramos a viver basicamente sozinhos. Como me disse Atal, não estávamos mais numa cultura em que os meninos saíam correndo para trazer um copo de água para o pai. Estavam cercados de meninos e meninas que mantinham outro tipo de relações com os pais. Não havia essa obediência automática, essa ênfase na autoridade. Longe do Paquistão, vi que eu era um pai pashtun. Enquanto lá eu descia correndo do telhado a cada vez que meu pai gritava "Ziaaaaaaa-udina!", na Inglaterra meus filhos não vinham quando eu chamava.

Isso me entristecia muito. Eu me culpava.

Quando tinha a mesma idade de Khushal nesse período difícil — entre treze e catorze anos —, tive alguns mentores que me afastaram do ódio e de um caminho perigoso. Um deles foi o irmão mais velho de Toor Pekai, que, conversando brandamente comigo, trouxera-me de volta à segurança quando ameacei perder a fé em minhas convicções.

O clérigo de quem eu recebia minha instrução islâmica acreditava no jihad e estava tendo grande êxito em me radicalizar. Durante um curto período, desejei uma guerra contra os infiéis e quis morrer combatendo. Queria ser um mártir, porque era isso que estavam me ensinando com o mesmo ardor e convicção com que tenho ensinado em minha vida, só que na direção do amor.

Agora olho para o passado e penso no irmão de Toor Pekai, em outros amigos progressistas que tive na vida e no homem bondoso que era meu pai, e digo a mim mesmo: "Ziauddin, sem essa orientação você podia ter virado um homem-bomba, com um cinturão de explosivos preso ao peito!".

Eu precisava de um modo de estar com Khushal e, no momento em que perdi a esperança, a dra. Fiona interveio outra vez. Era ela nossa mentora.

"Estou realmente com problemas", disse-lhe. "Khushal gosta de você. Você gosta de meus filhos. Diga-me, por favor, o que posso fazer."

Não há vergonha nenhuma em ser pai e pedir ajuda. Conversamos e ela disse: "Essas mudanças acontecem com os adolescentes e você deve se preparar para lidar com a situação com nobreza ou sabedoria. Não perca a calma e tente não ser duro com ele".

"Ele é um bom menino", disse ela. "É uma época difícil. Ele vai ficar bem. É inteligente, esperto, bonito. Tudo vai se ajeitar. É um menino maravilhoso."

"Tem razão", respondi. "Tem razão."

E, depois disso, simplesmente cedi. Cedi. Parei de falar dos deveres escolares, parei de esperar obediência. Confiei na dra. Fiona, mas também comecei a me questionar. Queria ser um bom pai, um pai bondoso. Do meu jeito, não estava dando certo. Era muito injusto querer que os meninos tivessem uma vida como a minha. Sabia claramente que queria preservar a importância de nossos valores familiares, os da igualdade, verdade e justiça, mas vi que qualquer outra coisa que quisesse para eles dizia respeito a mim e ao que *eu* queria para eles. Por que deveria ser eu a decidir se iriam para a faculdade ou se leriam tal ou tal livro? Ou se seguiriam tal ou tal profissão? Eles viviam numa outra época e numa outra cultura.

Andara procurando o tipo de filho obediente que eu tinha sido para meu pai, e a dra. Fiona me ajudou a ver que estava buscando a coisa errada. Meu filho era maravilhoso pelo que era, não na medida que eu conseguisse igualá-lo a mim.

Acredito que ser pai é algo incessante e, por causa disso, exige mudança ou, certamente, uma disposição de se adaptar. A dra. Fiona conversava horas a fio com Khushal e, quando ele estava bravo, ela aguardava pacientemente que se acalmasse. Ouvia-o, mas também apontava o óbvio. Não são muitos os estudantes que vão bem na escola sem mexer um dedo. Se Khushal queria tirar boas notas em seus exames de conclusão do ensino médio, teria de começar a se esforçar. Como eu tinha parado de me incomodar com os jogos de computador, logo Khushal se fartou deles e parou de jogar. Hoje em dia, é o meu celular que vive tocando e recebendo mensagens de texto. Uma vez perguntei a Khushal o que ele mudaria em mim e sua resposta foi: "Aba, por que essa dependência do celular? Pare de ficar olhando o aparelho quando temos visita! É muita grosseria!". Respondi: "Khushal Khan, você tem razão. Desculpe. Não consigo evitar". Ele tirou o celular de minha mão e jogou para trás do sofá. É uma reviravolta engraçada, se pensarmos como antes era eu que ficava aflito com os aparelhinhos *deles*. Agora, é Khushal, com dezoito anos, que confisca meu celular, e não o contrário.

Com o tempo, também comecei a entender melhor o sistema educacional britânico. Meus filhos estavam se tornando pensadores críticos. E nem sempre ficavam no computador só para jogar. Muitas vezes estavam fazendo o dever de casa. Eu não tinha entendido isso.

Parei de me preocupar; apenas amava-os. Foi um enorme alívio.

Conforme fui deixando minhas expectativas em relação a eles e abandonando minha velha ideia de como um filho devia se comportar, eles se tornaram meus amigos. Meus melhores amigos. Aprendi que encontrarão a felicidade num tipo de vida que é diferente da que eu conheço, mas ainda moldada por todos os valores de amor, bondade e igualdade que tínhamos em Mingora. Essa percepção facilitou minha vida. E nos libertou.

VOCÊ DIZ BURRITO, EU DIGO BURRITA

Raramente gosto de comida que não seja paquistanesa, mas, numa de minhas viagens recentes aos Estados Unidos, o ex-diretor de comunicações do Fundo Malala, Eason Jordan, comprou-me a coisa mais deliciosa do mundo, uma *tortilla* recheada que, pelo que ele disse, entendi que se chamava *burrita*. Comi como café da manhã no assento traseiro do táxi que nos levava de volta ao aeroporto.

Na vez seguinte que estive nos Estados Unidos, estávamos todos juntos em Los Angeles e fui a um shopping com os meninos. Vi uma Starbucks e, com fome, avisei: "Vou lá comprar uma *burrita*".

"Aba, não faça isso, por favor!", imploraram eles. "É um tremendo erro. Não peça isso aqui."

Mas não dei ouvidos. "Vou dar uma olhada. Talvez eles tenham." Eu era muito persistente.

Entrei e falei à atendente: "Vocês têm b-b-b-b-b-b-b-b-...?". Minha língua travou, travou feio na palavra, como acontece frequentemente com sons duros. A mulher no balcão foi muito paciente. Não riu, de maneira alguma. Por fim consegui: b-b-b-b-b-b-b-burrita! Me senti triunfante.

Os meninos riam tanto atrás de mim que mal conseguiam ficar de pé. A pobre atendente manteve a compostura, mas teve de me dizer com toda a gentileza que não, senhor, a Starbucks não vendia isso.

Quando saímos da cafeteria, Atal me falou: "Aba, você cometeu três erros". E eu: "Quais?".

Ele respondeu: "Primeiro, pedir comida mexicana na Starbucks. Nunca vai encontrar. Segundo, não é burrit-a, é burrit-o. E terceiro, por causa da sua gagueira, você nem conseguiu pronunciar a palavra. Se atrapalhou duas vezes com a palavra".

Ficaram rindo muito e, quando nos juntamos a Malala e Toor Pekai, elas também começaram a rir. Logo depois, criaram entre si um grupo no Snapchat chamado "burrit-a" e entrei como membro honorário. Achei a brincadeira engraçada e contei o episódio a muitos amigos nossos. Achei divertido que rissem de mim. Descobríramos como amar uns aos outros e, por causa disso, eu estava rindo também.

Penso que, quando rimos de nós mesmos, nos tornamos mais humanos e estamos mostrando a nossos filhos que faz parte da vida ter momentos de fraqueza e que é bom aceitá-los como coisas normais. Penso que é importante ter senso de humor. Se eu ainda fosse o velho Ziauddin, impondo autoridade e exigindo respeito, ficaria ofendido com a gozação por causa da burrita, iria para outro local e pensaria: "Sou pai e vocês são filhos. Me respeitem!". Iriam rir às minhas costas. Agora não vejo mais a gozação como demonstração de falta de respeito por mim. Pelo contrário, vejo como um momento embaraçoso para mim que rendeu um episódio engraçado que divertiu a todos nós.

A SALA DE AULA DE MALALA

Se as provas podem ser desgastantes para um pai, imaginem para o aluno!

No período que antecedeu os exames de conclusão do ensino médio de Khushal, dois anos atrás, não falei nada sobre a importância de estudar. Tinha aprendido minha lição e evitei julgá-lo pela quantidade de trabalho que parecia fazer.

Três meses antes das provas, Khushal ficou muito sério. Espalhou os livros nos sofás da sala de estar. Em um ficavam os de química, em outro os de biologia, ciência da computação e estudos religiosos. Quando vinham visitas, não tinham onde sentar. Eu dizia a elas: "Vamos para a outra sala porque este sofá vai tirar um A e este outro sofá vai tirar outro A". E todos nós dávamos risada.

E então vieram os resultados. Foi um espanto, realmente um espanto. Fiquei muito feliz por ele.

Fiquei também cheio de pesar por causa de meu comportamento. Meu filho tirou notas fantásticas e o tempo todo já possuía esse potencial. A dra. Fiona tinha razão.

Hoje, sou um pai carinhoso com Khushal. Todos os dias, ele chega e me beija nos dois lados do rosto. É a única pessoa da família que faz isso. Malala e Toor Pekai não são de muito carinho. E o beijo de Khushal é autêntico. É como o beijo que meu pai costumava me dar. É o mesmo porque vem repleto de amor, embora minha relação com os meninos seja totalmente diferente.

Conversamos e lembramos como éramos antes, e esse passado parece estar a milhões de quilômetros de distância. Khushal me disse: "Você sempre me dava uma nova chance. Mesmo que eu errasse, você me dava uma segunda chance, uma terceira chance, uma quarta chance. E acho que comecei a entender por mim mesmo que talvez você estivesse certo". Perguntei como ele achava que um pai devia ser, e a resposta foi: "Um pai devia se preocupar em fazer o caráter do filho, e não a cabeça dele". Parecem-me palavras sábias e fico contente em entender agora o que significam.

Não me considero autoritário, mas espero ser uma figura de respeito.

Outro dia, quando Atal ia sair, perguntei: "Atal Khan, eu não deveria saber o nome dos amigos com quem você vai se encontrar?". E ele respondeu na lata: "Aba, não lhe peço uma lista com o nome de *seus* amigos, não é?". Caí na risada. O que podia argumentar?

Não existe no Paquistão o costume de "dormir fora". Na primeira vez em que Atal nos pediu para convidar os amigos, Toor Pekai e eu ficamos sem entender. Perguntei: "Como assim vão dormir aqui? Por que esses meninos iriam dormir em nossa casa se têm a cama deles?". Mas Atal nos explicou: "Veja, meus amigos vão vir e dormir aqui em casa". Insisti: "Por quê?". E ele disse: "Porque é o costume aqui".

E dissemos: "Ah, tudo bem". Então vieram, uns oito meninos de várias cores e religiões; ficaram acordados até tarde, talvez até as três da manhã, só conversando e brincando no quarto de Atal, mas me senti muito feliz.

Se esses amigos deixam Atal feliz, são mais cem dádivas de amor preenchendo minha casa.

Ao amar incondicionalmente meus filhos, eles passaram a me respeitar naturalmente. Aprendi que a verdadeira autoridade reside não no medo, mas nesse respeito. Não chamamos mais a dra. Fiona de "tia", e sim de "madrinha", um tributo à orientação que ela continua a dar aos meninos. A mais nova mentora de Khushal é Malala. Se antes brigavam para ver quem ficava com o controle remoto da TV, agora falam da nova vida dele, de seus planos de ir também para Oxford — "Se você vier, eu saio!", diz ela brincando — e de assuntos afetivos de Khushal. Trocam mensagens diariamente. Atal, aquele menininho desobediente, agora com catorze anos, está quase da altura de Malala. "Minha irmã é brilhante", ele diz. "Não tenho que ter receio de ficar à sombra dela. Preciso é aprender com ela, e entender como ela faz essa coisa tão especial. Tenho que aprender a não ter medo, do mesmo jeito que ela não tem medo. A não ser tímido, e a saber como dizer o que eu penso. Podem dizer que vivo na sombra dela, mas acho mesmo é que estou na sala de aula dela. Estou na sala de aula de Malala, e estou aprendendo com ela".

Meu avô e meu pai jamais imaginariam que uma menina da família seria mentora dos irmãos.

Agradeço a Deus por essas belas mudanças.

3. Esposa e melhor amiga

A ATIVISTA SILENCIOSA

Às vezes me pergunto o que teria acontecido em minha vida se Toor Pekai não fosse minha esposa. Creio que teria dificuldade em criar filhos que acreditassem profundamente na igualdade de gênero como os nossos acreditam, pois como conseguiria lhes instilar essas ideias e valores se a mãe deles não fizesse parte de nossa jornada em família? Como a igualdade viria a significar alguma coisa para Malala, Khushal e Atal se vissem a mãe vivendo à minha sombra? Não haveria ponte entre nós, marido e mulher, não haveria ponte entre Pekai e seus filhos. Em países com forte estrutura patriarcal, a mudança tem de vir também das mulheres. Inúmeras mulheres em todo o mundo, desde que nascem, ouvem que os homens são mais importantes. Chega uma hora em que elas precisam parar efetivamente de acreditar nisso e reivindicar o que lhes cabe. É por isso que digo que Toor Pekai é minha companheira de jornada.

Toor Pekai era — é — tão importante no papel de mãe porque se recusou a acorrentar Malala com todas as lições que ela mesma aprendera sobre o que é ser menina. Na infância de Toor Pekai, as meninas eram julgadas apenas pela honra que traziam aos homens da família — ao pai, aos irmãos, aos filhos — e pela determinação de jamais trazer qualquer espécie de vergonha à família. "Vergonha" não é apenas se comportar mal. Pode ser agir com independência. Se uma menina se apaixona por um menino não escolhido pelos pais e se encontra sozinha com ele, isso é considerado vergonhoso. Olhar nos olhos de um homem que não seja o marido é uma "vergonha". Existe um ditado pashtun que diz que a jovem mais respeitável do povoado — em outros termos, a "melhor" jovem — sempre conserva os olhos fixos no chão, mesmo que a aldeia esteja em chamas. Na adolescência, Pekai perguntou à mãe: "Que tipo de menina não ergueria os olhos para ajudar quando pessoas e casas estão pegando fogo à sua volta?". Diante dessa lógica, a mãe respondeu: "Ah, Pekai, o que posso dizer?".

Foi Pekai, quando mulher adulta, quem também teve a coragem de desaprender as velhas ideias sobre a diferença entre meninos e meninas.

No começo de nosso casamento, primeiro em Barkana e logo depois em Mingora, onde realmente começamos nossa jornada conjunta rumo à liberdade, eu lutava contra muitas dificuldades para me tornar professor e, depois, para montar minha própria escola. Pekai me deu imenso apoio. Mesmo na lua de mel, que passamos na casa de meu pai, ela não se queixava quando eu saía diariamente para dar aulas como professor voluntário na escola secundária onde havia estudado. Olhando para trás, vejo que esta é uma característica de Pekai. É sólida como uma rocha, firme e segura, com o coração dedicado às necessidades dos outros.

Parecíamos nunca ter dinheiro, e fiquei muito triste quando Pekai teve de vender os braceletes de casamento. Onde eu conseguiria um emprego, uma boa oportunidade para ganhar o sustento e prover a uma futura família, e que ao mesmo tempo me permitisse sentir orgulho de contribuir com minha comunidade? Parecia impossível. Nem Pekai nem eu queríamos ficar em Karshat ou Barkana.

Desde o começo do casamento, Pekai me chamava de "Khaista". Significa "bonito". Meus sobrinhos também me chamavam assim. Não sou bonito, mas é um apelido carinhoso que ainda gosto de ouvir de Pekai. "Khaista", dizia ela, "se você fizer essas boas coisas pelos outros, Alá há de assegurar que ficaremos bem."

Depois de um período ensinando inglês numa faculdade particular muito conhecida em Mingora, montei escola própria com um antigo amigo da faculdade, chamado Muhammad Naeem. Mais tarde, ele foi substituído por outro amigo, Hidayatullah. Era uma escola primária mista, um sonho transformado em realidade para um homem de origem humilde como eu, que tanto acreditava na educação. Tínhamos apenas três alunos. Não havia na escola nenhum espaço em que Pekai e eu pudéssemos morar como casal, mas ela se juntou a nós e habitávamos dois cômodos encardidos que aluguei perto da escola. Foi nesse barraco que ela deu à luz nosso primeiro bebê, uma menina natimorta. Pekai ainda se lembra dela, com a pele clara e o nariz refinado. Sempre pus a culpa na falta de higiene de nossos cômodos. Mas Toor Pekai não se queixava muito de nossas condições. A escola era um sonho dela também. Segurava o lampião enquanto eu caiava as paredes até tarde da noite.

Demos à escola o nome de Escola Khushal, em homenagem ao poeta Khushal Khan Khattak, e pintamos um lema na porta: "Nosso compromisso é formá-los para o chamado da nova era". Mas a nova era, no nosso caso, significava a pobreza. Eu tinha uma grande dívida estudantil na faculdade, e os três alunos mal bastavam para nossa subsistência.

Mas estar casado com Pekai me trazia enorme felicidade.

Quando criança, Toor Pekai dava grande valor à sua independência. Tinha personalidade forte, gostava muito de correr por Karshat, a aldeia vizinha à minha, mas com a adolescência e o *purdah* seus movimentos ficaram restritos e o rosto foi coberto. O casamento e um lar em Mingora, por humilde que fosse, significavam que poderia viver outra vez as liberdades de que gozara na infância. Em Mingora, levava-se uma vida diferente da de Barkana, no sentido de que as mulheres pareciam ter mais liberdade para ir de um local a outro. Fiz questão que Pekai gozasse do tipo de liberdade que seria impossível para uma mulher vivendo num dos outros dois povoados. Ela circulava sem mim, e dentro de casa tratávamo-nos como iguais. Se algum dia algum homem nos criticou diretamente, não percebi.

O que descobri foi que, ao sentir a liberdade de Pekai comigo, eu também me sentia livre. Ela enriquecia minha vida sendo quem era. Pekai não era daquelas esposas que traziam o fardo patriarcal de precisarem ser "protegidas", isto é, fiscalizadas. No tipo de patriarcado com o qual convivemos — o tipo que não permite que as mulheres tenham independência econômica —, elas são obrigadas a se tornar fardos para o marido e, quando viúvas, para os irmãos. São obrigadas também a viver com medo, pensando constantemente em sua honra. Mas eu confiava em Toor Pekai e estava quase liberto das velhas ideias patriarcais.

Mas ainda persistiam as velhas regras aprendidas na infância, e às vezes eu me pegava agindo como um pashtun antiquado. Era outro caso do velho Ziauddin em luta contra o novo Ziauddin. Assim, tive de derrotar o velho Ziauddin e aceitar o novo Ziauddin, mas para tanto levei um bom tempo. Nem sempre entendia direito.

Sempre que o velho Ziauddin aflorava em nosso casamento, era Toor Pekai quem o repelia. Por exemplo, no primeiro mês depois das bodas, enquanto ainda estávamos em Shangla, disse a ela que meu amigo vinha nos visitar. O pashtun tradicional não costuma permitir que os amigos conheçam sua esposa. É algo raro de acontecer. Eu estava contente que Toor Pekai iria ver meu amigo. Ela o conhecia porque fazia parte da comunidade, mas não o encontrara como minha esposa. Quando lhe falei da visita, ela disse que ia se maquiar para se fazer apresentável. Reagi instintivamente: "E por que você haveria de se arrumar para ele?". Era o pashtun em mim.

Mas ela me enfrentou e disse: "É meu direito usar maquiagem. E aqui é minha casa também. Se você não se sente à vontade com isso, então por que trazer seu amigo?". Fiquei envergonhado. "Desculpe", disse. "Você tem razão."

Outra vez, com o casamento já mais avançado, alguém nos seguiu até o local onde morávamos em Mingora. Tínhamos ido visitar um novo professor em sua casa. Mesmo com minhas novas ideias de igualdade, não me sentia bem em caminhar ao lado de Pekai pela rua. As mulheres não andavam na rua com os maridos. Iam com o pai e os irmãos. Apertei o passo e assim Pekai ficou atrás de mim, embora estivéssemos indo para o mesmo destino. Um homem nos seguiu e então me denunciou à pessoa de quem eu alugara o edifício da escola. Bateram à nossa porta. Quando atendi, o homem falou: "Recebi uma denúncia de que você trouxe uma mulher para cá. Explique isso, por favor". Respondi: "Aquela mulher é minha esposa! Aluguei este edifício! Não é da sua conta!". Fiquei furioso, mas, em meu desconforto por ser visto em público com minha esposa — um endosso de sua liberdade —, eu agira com ar de culpado. Pekai ficou brava com o homem que nos seguiu, receando ter sua honra ferida ou ser uma mulher vergonhosa. Mas a falha foi minha. Devia ter percorrido as ruas de Mingora com orgulho, com Pekai a meu lado.

Num aspecto de sua vida, Pekai se manteve tradicional — sua concepção sobre o lenço, que usava em público encobrindo quase todo o rosto. Até sairmos do Paquistão em 2012, depois do atentado contra Malala, ela nunca se permitiu relaxar nesse quesito. Eu dizia: "Pekai, o *purdah* não está só no véu. Está no coração". Quando Malala e eu começamos a aparecer nos meios de comunicação em nossa campanha contra o Talibã, Pekai nunca se deixou filmar nem fotografar. A primeira vez que permitiu tirarem uma foto foi em 2013, quando Malala discursou na ONU em Nova York, em seu aniversário de dezesseis anos.

A concepção de Pekai sobre o lenço estava ligada à sua devoção religiosa e também às opiniões de todos os que nos cercavam. Durante toda a sua vida, ensinaram-lhe a crer que ser boa muçulmana significava se encobrir aos olhos de todos os homens, à exceção do marido.

Foi primeiramente por meio das interpretações equivocadas do Corão Sagrado, reprimindo as mulheres, que o Talibã atraiu suas seguidoras, pois manipulava o desejo das mulheres de serem muçulmanas sempre melhores.

Quando o líder do Talibã, Maulana Fazlullah, utilizou uma estação de rádio clandestina para apelar diretamente a devotas iletradas como Pekai, ele sabia que conseguiria convencê-las a renunciar a direitos humanos básicos, fazendo-as pensar que, se o questionassem, não seriam boas muçulmanas. Pekai, como muitas mulheres em Mingora, de início era fã de Fazlullah. Mas por que a educação das meninas desagradaria a Alá? E por que ele permitiria que o Talibã usasse seu nome para bombardear mais de quatrocentas escolas? Pekai rapidamente rejeitou os sermões de Fazlullah pelo rádio, mas muitas conhecidas suas não.

Quanto ao lenço, Pekai temia as críticas de outras mulheres, e tinha razão. As mulheres na comunidade realmente criticavam porque era o que faziam os homens que tinham controle sobre elas. É assim que funciona o condicionamento social.

Pekai continuou a cobrir o rosto, mas, à sua maneira, ainda a considero a mulher mais corajosa de Mingora. Sem Pekai, eu não teria avançado nem um passo na vida. Como ela estava sempre a meu lado, encorajando a mim e a Malala, sentíamos que não estávamos sozinhos em nossa campanha pela educação das meninas. "O ativismo de Malala é a voz de meu coração", dizia Pekai. E isso se dava nas duas direções. Sem mim — um marido preparado para ver a esposa como igual —, Pekai, como mulher vivendo numa sociedade patriarcal, tampouco começaria a se sentir livre.

É verdade que Toor Pekai precisava de meu apoio e respaldo, assim como inúmeras mulheres e meninas como Malala, em sociedades patriarcais, precisam do apoio do marido ou do pai para poder ter uma vida diferente. É esse o contexto cultural de seus países. Penso que não há nada de errado em meninos e homens entenderem que têm a responsabilidade de contribuir para a igualdade. Quando homens e meninos têm consciência do que as mulheres enfrentam e quando tomam providências para lhes facilitar a vida, isso não é ser condescendente, mas sim oferecer um apoio muito necessário, baseado nos valores da decência e da humanidade.

Naqueles primeiros tempos do casamento, nosso novo modo de vida despertava críticas. E depois, quando Malala nasceu, em julho de 1997, dois anos depois de nossa bebê natimorta, e acrescentei seu nome à árvore genealógica da família, a primeira menina em trezentos anos, isso também despertou críticas. Alguns parentes próximos e distantes não comemoraram o nascimento nem olharam o berço, pelo fato de ser uma menina. Esse interesse — ou desinteresse — por Malala se tornou um marco de referência. Se Pekai dizia que recebera alguma visita, eu perguntava de imediato: "Quiseram ver Malala?". Em caso negativo, aquela pessoa deixava de existir para mim.

Embora eu não quisesse desencadear uma revolução nem criar brigas, às vezes temos de traçar uma linha entre o que é e o que não é aceitável para nós. Tratar Malala com indiferença por causa de seu gênero? Isso eu não podia tolerar.

Mas Deus estava conosco. Foi meu amigo Hidayatullah quem percebeu que, com o nascimento de Malala, nossa sorte com a escola mudou. Foi como se ela trouxesse uma maré de boa sorte. Quanto a mim, agora com duas belas pessoas do gênero feminino em minha vida, estava mais feliz do que nunca.

Era tão importante para Pekai quanto para mim que as meninas de Mingora com pais sem condições de arcar com sua educação recebessem ensino na Escola Khushal. Ela lamentava amargamente sua falta de instrução, e não queria que isso se repetisse na geração seguinte. Nossa escola era paga, mas tentávamos acolher o maior número possível de meninas oriundas de famílias sem condições financeiras. Era um equilíbrio delicado e nem sempre fácil.

Na época em que Malala e os meninos começaram a estudar, a Escola Khushal estava se pagando. Eu não era mais obrigado a ser professor, diretor, contador e bedel ao mesmo tempo. Contava agora com oitocentos alunos em três edifícios, a escola de ensino fundamental que já existia e duas escolas de ensino médio, uma para meninas e outra para meninos. De início, em 2003, eu abrira apenas uma escola de ensino médio mista, mas o clima patriarcal contrário ao contato entre adolescentes de ambos os gêneros dificultava demais dar aulas a turmas mistas. Recebi muitas reclamações de pais por causa disso e por fim, pesaroso, tive de separar meninos e meninas. Hidayatullah e eu também tínhamos tomado caminhos diferentes naquela época, de modo que eu era o diretor-geral, mais tarde auxiliado por madame Maryam, diretora da escola feminina.

A missão de Pekai era conseguir que o máximo possível de

meninas entrasse na escola. Assim, ela se tornou uma vigorosa ativista local.

Muitas mães que consideravam importante enviar as filhas à escola — mesmo que fosse apenas por alguns anos —, mas que tinham problemas financeiros, recorriam primeiro a Pekai, pedindo-lhe ajuda para entrarem de graça ou, quando já eram alunas, expondo-lhe que não tinham mais como arcar com as mensalidades. Pekai era uma grande defensora dessas mulheres. Seu sucesso se baseava no fato de que todos sabiam que eu lhe dava ouvidos e muitas vezes fazia o que ela pedia. Era algo muito raro entre marido e mulher em nossa comunidade. Em geral, era a esposa quem fazia o que o marido pedia. Malala, mais tarde, uniu forças com Pekai nessa pressão por vagas gratuitas.

Os pais me visitavam na escola, mas as esposas sabiam que não adiantaria muito. Visitavam Pekai diretamente em nossa casa, um conjunto de pequenos cômodos em cima da escola. A cena era mais ou menos a seguinte: uma mãe com filhos já na escola chegava e dizia: "Oh, *bhabi*, não podemos pagar esse valor. É alto demais. Por favor, peço que nos ajude com um desconto". E Pekai dizia: "Certo, vou falar com ele". Eu chegava em casa depois das aulas e ela dizia: "Aqui estão as fichas de mensalidades dos filhos dessa família. Khaista, por favor, dê um desconto para eles". E eu dizia: "Certo, aqui diz duzentas rupias. Diminuímos para 150", e aí Pekai regateava: "É demais! Precisa ser muito menos!".

No Ano-Novo, vinha uma enxurrada de mulheres a nossa casa, porque era a época em que reajustávamos as mensalidades. Eu não estava interessado em lucrar, mas tinha de pagar as contas e os salários, e precisava manter madame Maryam calma, pois ela era responsável por parte da contabilidade. Às vezes madame Maryam ia me visitar e dizia: "Senhor, Toor Pekai andou mais uma vez admitindo novas alunas", ou "Ela anda prometendo que a escola vai financiar os livros das alunas. Parece até que metade de minha escola é dirigida pela 'Fundação Toor Pekai'".

Quando eu comentava com minha esposa a necessidade de cobrir as despesas, temendo que, do contrário, a escola quebrasse, Pekai dizia com toda a calma: "Alá nunca deixará que sua escola vá à falência se você fizer essa boa ação por essas meninas". Ela acreditava nisso ardorosamente, e era verdade. A escola nunca faliu.

Quando as pessoas pensam em nossa família, pensam em Malala como uma das mais poderosas ativistas em prol da transformação social no mundo, porque ela é mesmo. E, depois dela, talvez pensem em mim só porque era eu quem estava a seu lado nas campanhas quando menina. Continuamos a atuar juntos em nossa campanha pela educação das meninas. Hoje em dia, minha tarefa é ser o pai dela, e fico feliz com isso. Mas, quando penso em Malala e nas origens de seu ativismo, penso também em Toor Pekai. Penso na mãe de Malala. O ativismo de Toor Pekai é instintivo e espontâneo, fundado numa sólida força moral. Sua convicção em ajudar os outros, em ser uma boa pessoa, brota de quem ela é, do lugar de onde ela veio e de sua fé religiosa. Penso que precisamos de muitos mais ativistas como ela.

Nos primeiros tempos, Pekai não se diria uma ativista, mesmo que agora se veja assim. Hoje ela ajuda a sustentar as famílias do Paquistão que vieram para Birmingham depois do ataque do Talibã contra a Escola Pública Militar em Peshawar, quando balearam e mataram 132 crianças e seus sete professores. Atearam fogo a uma professora na frente das crianças. Pekai se dedica a ajudar duas crianças sobreviventes que agora moram em Birmingham, e mais um terceiro menino sobrevivente de outro ataque do Talibã no Paquistão. Ela procura amenizar a vida dessas crianças com compaixão e amizade. Penso que, como seres humanos, é a bondade que nos diferencia de outras criaturas no mundo. Vemos brigas de cachorros e animais ferozes se dilacerando nas selvas, peixes grandes comendo peixes menores, mas quando seres humanos agem com ódio e violência, como fez o Talibã, é preciso que nós, os demais, sigamos em frente, procurando viver de maneira amorosa e compassiva, lançando a desumanidade às trevas.

Desde então penso na maneira como os outros nos descrevem, os rótulos que usam. Muitas vezes, são rótulos que vêm do Ocidente. Toor Pekai e eu éramos "voluntários" antes que conhecêssemos o conceito de "voluntariado", palavra que aprendi nos Estados Unidos. E, como disse antes, só vim a conhecer a palavra "feminista" depois de morar na Inglaterra. Por mais de quarenta anos vivi essa palavra, mas sem a ouvir.

Realmente vejo Toor Pekai como uma ativista desde o começo. O que é o ativismo? Ele começa quando nossas ações visam ajudar os outros. Quando pequenos, Malala e os meninos viam que Pekai não se limitava à nossa família e ajudava pessoas conhecidas e mesmo desconhecidas. Preenchia nosso lar com sua essência bondosa. Estava sempre ajudando os outros, alimentando, oferecendo-lhes um local para dormir, dando-lhes sustento, embora ela mesma não tivesse muito. Ajudar uma pessoa pode ser tão importante quanto motivar um exército.

Quando relembro aqueles anos e vejo o empenho de Toor Pekai em assegurar uma educação para outras meninas como Malala e em ajudar os outros, pergunto-me se eu mesmo não devia ter incentivado e ajudado Pekai a voltar à escola. Uma das várias perguntas que nos fazem sobre nossa família é: "Como Malala e seu pai eram tão fervorosos em relação à educação, enquanto Toor Pekai era iletrada?". Espero fazer justiça a Toor Pekai ao responder essa pergunta. Pergunto-lhe a esse respeito e ela me diz: "Tinha todas as liberdades que queria. Amava você, amava minhas crianças. Era feliz. Foi a escolha que fiz".

Em Mingora, o triste fato é que, antes da talibanização, a

falta de uma educação formal não influiu na vida de Pekai. Muitas mulheres não tinham recebido instrução. O que diferenciava Pekai era que ela podia exercer sua inteligência por meio da liberdade de ir e vir. Como me disse um amigo certa vez: "Toor Pekai pode não ter instrução, mas tem um intelecto instruído". E depois, com a talibanização, nem mesmo meninas em idade escolar podiam ir à escola, quanto mais mulheres com a idade de Pekai.

Como muitas mães em todo o mundo, o momento da vida em que Pekai se sentiu pronta para iniciar algo novo chegou quando Atal passou a ir à escola e ela dispunha de mais tempo durante o dia. Em 2012, poucos meses antes do atentado contra Malala, Pekai começara a aprender a ler e escrever em inglês com a srta. Ulfat, professora do ensino fundamental na Escola Khushal.

Quando o Talibã passou a reivindicar Mingora, Pekai não tinha a experiência de subir num palco nem segurança para expor suas ideias sobre a necessidade de educar as meninas. Tampouco tinha uma ousadia cultural como Malala, mas se alegrava que Malala e eu fizéssemos o que ela não se sentia capaz de fazer pessoalmente em público, diante de uma plateia ou de uma câmera de TV. Éramos as pessoas que falavam o que *ela* pensava e sentia, e por isso nos dava grande apoio, sem jamais imaginar que o Talibã viria atrás de sua menina.

QUANDO OS PÁSSAROS SE CALARAM

Hoje, mais uma vez, verteu-se sangue em minha cidade.
Um irmão cometeu um assassinato de honra.
Um irmão assassinou a irmã.
Seguiu os passos de Caim,
que por inveja matou seu irmão.

Hoje, mais uma vez, a sociedade se opôs ao amor.
O costume se opôs ao amor, a tradição se opôs ao amor.
Hoje, mais uma vez, a inveja venceu o amor.
E os amantes estão assustados.
As crianças estão amedrontadas.
As pessoas fogem aterrorizadas.

Hoje, mais uma vez, verteu-se sangue em minha cidade,
o que faz o universo tremer.
Quando irmãos convertem as bodas das irmãs em funeral,
fazem os pássaros se calarem.
Em vez de enviá-las à nova família,
irmãos enviam as irmãs ao túmulo;
em vez de seguir uma noiva, irmãos seguem um caixão;
em vez de conceder dote, irmãos derramam sangue;
em vez de amor, há assassinato;
em vez de honra, há vergonha.

Ziauddin Yousafzai, "Crime de honra", 1994
(trad. da versão inglesa de Qasim Swati e Tom Payne)

Passaram-se 24 anos desde que escrevi esse poema. Foi inspirado por uma menina e seu companheiro em Mingora, que foram mortos na frente da casa dela. O assassinato de mulheres em minha comunidade me parecia a prova suprema da indiferença da sociedade em relação a elas, da injustiça da vida que levavam. O impacto desses crimes de honra sobre mim tornou-se ainda mais intenso com o decorrer dos anos, devido a meu grande amor por Toor Pekai e Malala. Não eram tragédias frequentes, mas bastavam para que eu nunca me permitisse pensar que constituíam coisas do passado. A cada vez que ocorria um crime de honra, aprofundava-se minha determinação de ser um novo tipo de homem.

Toor Pekai e eu conversamos todos os dias com nossos parentes e amigos no Paquistão. Recentemente soubemos de uma mulher que encontrara o amor fora do casamento. Estava casada fazia vinte anos com um homem mais velho, com quem se unira quando mocinha. Substituíra a primeira esposa e fora uma segunda mãe para seus filhos. A mulher sumiu e descobriu-se que ela havia fugido. A família do marido a perseguiu e a trouxe de volta. "Poupem-na, por favor. Para mim, ela está pura. Não há vergonha", disse o marido aos homens da família de sua segunda esposa. Toor Pekai soube do caso nessa altura, quando a mulher se tornara a vergonha da família.

Por um breve momento, pairou incerteza sobre o futuro da mulher. O marido pedira clemência, mas não cabia apenas a ele isentá-la da vergonha. Convocou-se um conselho de anciãos.

Sempre digo que, se Toor Pekai derramou uma centena de lágrimas, 95 não foram por si, mas pelos outros. Pekai ficou transtornada. Montou sua própria campanha para salvar a vida da mulher. De nossa casa em Birmingham, ligou para todas as pessoas que achou que poderiam ajudar a impedir o desfecho que temíamos. Eu ouvia suas palavras: "Por favor, não deixe que façam isso. Eles não se farão honrados com essa ação desonrosa. Não deixe que façam. É desumano. Isso não é honra".

Ela pediu também que eu telefonasse, o que fiz. Entrei em contato com um conhecido que achei que poderia ter alguma influência. Eu me sentia impotente, distante. Se estivesse lá, teria apelado diretamente à família, mas não era possível estando em Birmingham. "Estou de mãos amarradas", disse meu conhecido.

No dia seguinte, meu celular tocou. Era um contato do Paquistão. Ele disse: "Acabou. Ela foi morta ontem à noite". A mulher foi estrangulada. Quando recebi a ligação, estavam em curso os preparativos para enterrá-la.

Toor Pekai e eu choramos durante uma semana. Não conseguíamos dormir. Afora o atentado contra Malala, nunca tivéramos um trauma tão forte em toda a nossa vida. Ouvi dizer que a polícia paquistanesa fez algumas investigações. Mas, até onde sei, ninguém foi levado à justiça. Os crimes de honra são legalmente vedados no Paquistão, embora nas zonas rurais seja difícil fazer a lei vigorar.

Quando defino "amor", defino-o como liberdade. O drama das mulheres pode ser mudado se pensarmos de outra maneira, se conseguirmos romper algumas normas familiares e sociais e se os governos dessas sociedades revogarem leis discriminatórias que ferem direitos humanos fundamentais. Em termos claros: isso requer coragem tanto dos homens quanto das mulheres.

Alguns homens se sentem constrangidos ou envergonhados por acreditar no empoderamento das mulheres. Há muitos deles que estão preparados para pensar de outra maneira sobre o futuro de suas filhas, mas alguns incentivam a liberdade delas sem admitir a mudança em si mesmos. Esses homens acreditam na igualdade, mas não proclamam sua posição. Todavia, é preciso que se posicionem, porque a misoginia ainda persiste por toda parte. Às vezes está em algum gracejo, às vezes em algum comentário sutil e casual. Mas sempre vem do mesmo lugar: um lugar onde as mulheres não são vistas como iguais. Quando cheguei à Inglaterra, um taxista paquistanês que me conduzia à estação New Street, em Birmingham, quis me dar alguns conselhos:

"Há três coisas neste país em que não se pode confiar", disse ele. "Os três Ws."

Perguntei: "E quais são eles?". O taxista respondeu: "W de clima [*weather*], W de trabalho [*work*] e W de mulher [*woman*]".

Então falei: "Certo, posso concordar com dois Ws, mas não com os três. Isto é, entendo que hoje você consiga trabalho e amanhã possa perdê-lo. Concordo com o clima porque aqui na Inglaterra chove de manhã e faz sol à tarde. Mas as mulheres? Disso discordo! Me diga com sinceridade", disse. "Você é casado e tem esposa. Pergunto: quem é a pessoa mais leal em sua família, a mais amorosa no casamento, você ou sua esposa?" Ele ficou muito constrangido com isso e deu uma risadinha nervosa. "Certo, você tem razão. Minha esposa é leal e amorosa com nossa família."

Por que esse homem que era feliz no casamento me falou essas coisas sobre o terceiro W?

"Por que falar assim se você ama sua esposa, que é uma força do bem em sua família?", perguntei.

"É só um ditado, é o que as pessoas dizem!"

Então falei: "Mas não imite! Isso é propaganda de homem, código de homem. Alerte contra dois Ws — trabalho e clima — e um M, de homem [*man*]!".

CHORÁVAMOS FEITO CRIANÇAS

No começo, nosso primeiro ou dois primeiros anos na Inglaterra foram difíceis. Com o atentado contra Malala, choramos mais do que eu imaginava ser possível. Além das lesões no ouvido e na face, uma parte de seu crânio teve de ser removida e inserida no estômago, enquanto o cérebro estava inchado. Agora ela tem uma placa de metal em vez da parte fraturada do crânio, que, no final, não pôde ser usada.

Quando Malala estava no hospital em Birmingham e nós a seu lado, seu belo rosto parecia ter se perdido para sempre. O mais triste e chocante era o lado esquerdo, caído. Ficou paralisado. Nossa bela Malala agora parecia outra menina. Perdera o sorriso, perdera a risada, e quando eu olhava Toor Pekai a seu lado, via as lágrimas de Pekai correndo pelas faces e pingando no lenço. O sorriso de Malala voltaria mais tarde, no verão seguinte, depois de uma cirurgia especializada, mas no começo muitas coisas ainda eram uma incógnita.

Penso que o trauma pode aproximar ou afastar um casal. Para nós, o trauma de quase perdermos Malala fortaleceu nosso casamento, apesar de que quase perder nossa menina nos dera a impressão de que nossa vida realmente chegara ao fim.

No começo, ficamos nos alojamentos do hospital e depois mudamos para nosso apartamento no décimo andar de um edifício residencial no centro da cidade. Depois disso, mudamos mais duas vezes. Naqueles nossos primeiros tempos na Inglaterra, Toor Pekai olhava pela janela e via as mulheres lá embaixo, andando livres pelas ruas à noite, mas usando pouquíssima roupa pelos critérios das mulheres nos mercados de Mingora. Ela chorava ainda mais de medo e perplexidade. "Khaista, essas mulheres certamente vão morrer de frio."

Se eu não vertera nenhuma lágrima ao saber do atentado contra Malala, agora era frequente que Toor Pekai e eu chorássemos juntos a noite inteira. Chorávamos como crianças. Nossas lágrimas eram ininterruptas. Nossos corpos tremiam. Era como se a dor fosse uma espécie de trovão. Eram tantas as restrições que poderiam vir a afetar a vida de Malala: a paralisia numa das faces, a incapacidade de falar, a memória limitada. Apesar disso, de manhã levantávamos e íamos até o leito de Malala, para mais uma jornada de profundas esperanças mescladas a horríveis receios de que aquele dia traria outras más notícias.

Toda e qualquer decisão sobre o bem-estar de Malala, Toor Pekai e eu tomávamos em conjunto. Toor Pekai precisava que eu servisse de tradutor para ela, pois não entendia o que os médicos ingleses nos diziam. Mais tarde, a dra. Fiona se desculpou comigo por ter procurado confirmar que eu estava incluindo Pekai na tomada de decisões. Muitos homens, disse ela, não incluem as esposas. Mas, em nosso caso, não houve uma única decisão que não fosse de comum acordo, até as coisas mais miúdas, como a maneira de prender o cabelo de Malala. Para ser sincero, não sei o que teria feito sem Toor Pekai.

Com o medo de perder Malala, eu sentia uma grande culpa, uma culpa enorme, por não ter impedido que ela prosseguisse em sua campanha. Foi Toor Pekai quem me ajudou a atravessar essa fase em que eu parecia preso num círculo vicioso.

Repassava incessantemente minhas intenções. Quais tinham sido meus objetivos, minhas metas e finalidades? O que eu defendera? Pelo que lutara que valesse esse sacrifício de minha menina? Como podia ter errado tanto nos cálculos? Por que não detivera Malala? Não precisava da voz de Malala para minha campanha própria, mas a incentivara porque ela tinha o direito de falar se assim quisesse. Havíamos lutado juntos, unidos. Mas essa luta quase me deixara com o cadáver de minha menina.

Esses pensamentos giravam sem cessar em minha cabeça, dia e noite.

Toor Pekai era minha bússola moral. Foi ela quem me salvou de sofrer um colapso mental absoluto. Se ela dissesse: "Ah, a culpa é sua! Você pôs a vida de minha filha em risco por essa causa maior!", como conseguiria ouvir isso da mulher mais próxima de mim? Mas nunca ouvi uma palavra sequer de censura por parte de Toor Pekai, porque ela via instintivamente que minhas intenções e as de Malala eram puras. Vira a força de vontade de Malala. A campanha contra o Talibã não era apenas minha e de Malala; era de Toor Pekai também. Estivera ao nosso lado. Naqueles momentos sombrios depois do atentado, Pekai me lembrava de que nossa luta fora sincera. Fora a luta de Malala, tanto quanto nossa. Era a vontade de Deus.

Desde então me perguntam: "Malala nunca lhe disse: 'Aba, você devia ter me impedido de falar'?". E a resposta é: nunca. Um mal que veio para o bem é o fato de que Malala não se lembra de nada do atentado. Passaram-se seis anos e nunca ouvi um único gemido, uma única palavra, explícita ou implícita, responsabilizando outra pessoa pelo que lhe ocorreu. Ela não critica sequer o rapaz que puxou o gatilho.

Pekai e eu vivemos todos os dias com o trauma de quase termos perdido Malala. O trauma está sempre conosco, enterrando-se cada vez mais fundo com o passar do tempo, mas nunca desaparece. A dor e o medo que vêm com a possibilidade de perder um filho são tão profundos que deixam cicatrizes. Só posso tentar compensá-los com a solidez de meu profundo amor e a gratidão a Deus: Deus nos devolveu Malala. Trouxe sua vida de volta. Agarramo-nos a isso juntos. Agarramo-nos a isso como família. Somos seres humanos, com um profundo compromisso com os direitos humanos. Acreditamos no que fazemos e fazemos o que acreditamos. Simples assim. Foi essa a reação moral de nossa família a uma situação que nos foi imposta. Agradeço a Deus por ser testemunha da pureza de minhas intenções.

Pekai me ajudou a aceitar que nossa família não deve se culpar pelo fato de que o Talibã partiu para cima de Malala com suas armas apenas porque ela queria receber educação. Malala não montou um exército. Não ergueu um fuzil. Ergueu uma voz, o que é direito dela.

Quando nossa vida em Birmingham se normalizou, ficou evidente que o fato de Pekai não falar inglês influía em tudo. Mal sabia dizer uma palavra. Isso a deixava muito isolada, e tinha poucos amigos paquistaneses. Em Mingora, nossa casa vivia cheia de gente. Mas nossa casa em Birmingham, no começo, parecia muito vazia. Depois que Malala se recuperou, os meninos e ela passavam o dia na escola. Eu viajava muito, como parte da função que me fora oferecida como adido educacional do governo paquistanês. E nas férias eu viajava com Malala, fosse em função do Fundo Malala, que foi criado depois do atentado, fosse para a divulgação do livro de Malala, *Eu sou Malala*, ou do documentário *Malala*. Eu gostava muito dessas viagens com ela, porque era exatamente como costumava ser antes, nós dois juntos, lado a lado.

Éramos imensamente gratos a Deus pela sobrevivência de Malala. Pekai dizia: "Estamos aqui, estamos vivos, estamos juntos". Nunca se queixava de ficar sozinha com os meninos. Mas isso não significava que ela fosse feliz nessa nova vida na Inglaterra. Muitas vezes podia ouvi-la conversando ao telefone com uma amiga no Swat: "Por que não sou instruída? Por que minha vida é difícil? Não entendo nada". Às vezes, eu a via passeando pelo jardim com os restos de nosso jantar. Não tendo ninguém na comunidade para alimentar, deixava nossa comida para os pássaros, mas os pássaros não eram acostumados a comer aquilo.

Um dos primeiros termos em inglês que Pekai aprendeu foi "top up" [crédito], pois assim ela podia pôr créditos no celular, o que, por sua vez, permitia que ligasse para parentes e amigas no Paquistão. Todos sentíamos saudades do Paquistão, mas para Pekai havia muitos elementos básicos da vida britânica que precisaria dominar, como o transporte e os calendários, o que para o resto de nós era muito mais fácil. Ela não sabia pronunciar seu nome em inglês. Quando tinha de preencher algum formulário, não fazia ideia da data de seu nascimento. Ainda por cima, para além da confusão geral do cotidiano, Pekai tinha dores de cabeça terríveis que, segundo o médico, eram uma reação ao trauma do atentado contra Malala.

Apesar das dores de cabeça, Pekai se matriculou num curso de inglês para estrangeiros. Eu me empenhava ao máximo para traduzir para Pekai, e Malala também, mas nem sempre estávamos com ela. Quando precisava fazer compras, tentávamos ir juntos. Percebi entristecido que sua vida na Inglaterra, no começo, era uma inversão completa da independência que tinha no Paquistão. Pekai, no início, não podia ter liberdade em Birmingham por causa da barreira da língua e por causa de seu medo.

Fundamental para a educação adequada de Toor Pekai foi sua professora, Janet Culley-Tucker. Ela conheceu Janet nas aulas de inglês para estrangeiros, mas, no começo, essas aulas eram muito puxadas para Pekai. As enxaquecas eram dolorosas demais. Mesmo assim, Pekai manteve contato com Janet e, alguns meses depois, retomou as aulas, mas agora em nossa casa.

Janet ainda vem a nossa casa para ensinar Pekai, não tanto em caráter profissional quanto na qualidade de amiga. Pekai continua a ser muito protetora em relação ao tempo que passa com Janet. Às vezes sobe com ela até nosso quarto, onde podem trabalhar sem ser incomodadas pelo barulho da casa. Foi Janet quem ensinou Pekai a ler e escrever pela primeira vez a palavra "educação".

Desde o princípio, Janet viu que Pekai, como os demais Yousafzai, era extremamente competitiva. *Queria* aprender. Aos poucos, Pekai começou a recuperar a confiança. Agora volta e meia está com seus livros e pede a todos os que visitam a nossa casa que a ajudem com a conversação. Sua firme determinação nunca a abandonou de verdade. É que a nova vida lhe trouxe novos desafios.

Janet passava lições de casa para Pekai baseando-se na ideia de "língua vivida", uma técnica pedagógica que consiste em procurar relacionar ao máximo possível a língua com a vida do aluno. Pekai sempre fazia bem as tarefas, mas vi que ela descreveu Malala numa lição como "uma estudante de dezessete anos", e as informações sobre os meninos se limitavam a suas frutas, cores e passatempos favoritos.

Essas descrições impressionavam pela precisão do vocabulário e da gramática, mas eram apenas uma pequena parcela do que acontecera conosco, e me deixaram a aguda consciência da difícil jornada de minha esposa, vivendo num país com uma língua que não sabia falar. Não podia transmitir a ninguém além da gente os complexos pensamentos e sentimentos que trazia dentro de si. Muitos adultos que aprendem inglês em Birmingham são imigrantes de primeira geração que tiveram filhos já na Inglaterra. Essas crianças são britânicas e, no entanto, a mãe ainda está aprendendo a ler e escrever seu próprio nome e os nomes dos filhos em inglês. A determinação de Pekai de se sair bem era mais um motivo de orgulho para mim.

No Paquistão, há um homem muito inteligente chamado Rafiullah Kakar, que frequentou Oxford com o subsídio de uma bolsa Rhodes. Ele iniciou uma campanha, #WeRejectPatriarchy [#RejeitamosOPatriarcado], dirigida a homens, incentivando-os a escrever: "Meu nome é... O nome de minha esposa é...". Rafiullah começou a campanha depois de comemorar o sucesso de sua companheira, revelando o nome dela e seu perfil no Facebook. Além dos comentários de apoio que recebeu, vieram mensagens críticas e outras recomendando cautela em divulgar o nome da companheira. Em resposta às críticas, ele lançou a campanha e escreveu: "É uma vergonha que, no século XXI, nós homens, em especial pashtuns e balochs, não possamos sequer revelar o nome das mulheres de nossa família, e muito menos empoderá-las. Estamos pelo menos quinhentos anos atrasados em relação ao mundo civilizado. O que vivi é a história de todos os demais homens pashtuns e balochs que procuram mudar o sistema vigente".

Foi muito emocionante ler alguns comentários que se seguiram a essa postagem em apoio a #WeRejectPatriarchy. Minha própria postagem, que escrevi com grande orgulho, dizia:

> Sou Ziauddin Yousafzai. Tenho orgulho de ser marido de Toor Pekai Yousafzai. Toor Pekai é dona de casa e estudante. #WeRejectPatriarchy

Não muito tempo atrás, Pekai e eu estávamos num supermercado comprando alimentos. Eu empurrava o carrinho enquanto Pekai escolhia os produtos. Quando chegamos ao caixa, entrei na fila. Senti um tapinha no ombro. Era Pekai.

"Você está na fila errada", disse.

"Como assim? Estou aqui para pagar", respondi.

Ela abanou a cabeça e apontou a placa que dizia "Cestas". Parecia satisfeita. "Você está com um carrinho, não com uma cesta. Precisa entrar na fila dos carrinhos."

Foi uma coisa miúda, mas simbolizava tanto! Dei-lhe um abraço apertado e disse: "Pekai, você me faz muito feliz. Nunca deixo de me orgulhar de você".

Ó céus, Toor Pekai gosta de fazer compras. Creio que tenho uma dívida de gratidão para com as lojas do Bullring de Birmingham por ajudarem Pekai a se sentir mais à vontade na Inglaterra. Devo admitir que, depois de seis anos aqui, ainda fico muito confuso com as roupas que devo usar. Se preciso ir a alguma reunião ou apresentação, costuma haver uma recomendação do traje a ser usado: esporte, esporte fino, terno social, terno formal, traje a rigor. O que é tudo isso? No Paquistão, eu usava um *shalwar kamiz* simples, mas, aqui, Pekai me explica que a calça precisa combinar com o suéter, e que em algumas ocasiões preciso de calça social e camisa, mas sem gravata, porém com um indispensável paletó social, e, além disso, a cor e a estampa da camisa precisam combinar com a calça. Essa combinação de cores é impossível, e Pekai sempre tem uma opinião a dar! Mas, na verdade, Pekai gosta muito de novos dilemas de vestuário, pois lhe oferecem mais uma oportunidade de ir às compras.

Toor Pekai tem um prazer tão enorme em fazer compras, principalmente de roupas, bolsas e sapatos, que todos nós gostamos de provocá-la por causa disso. Acho que Toor Pekai ficaria muito feliz em ir ao shopping diariamente, passando o dia todo subindo e descendo as escadas rolantes do Bullring com a maior alegria do mundo. Já eu não consigo aguentar dez minutos. Às vezes, nesse sobe e desce que parece não ter fim, eu falo: "Ah, Pekai, faça-me o favor! Preciso de uma xícara de chá". Pouco tempo atrás, um amigo me disse: "Mas, Zia, Pekai não fica cansada depois de um dia inteiro caminhando?". Respondi: "Cansada? Você só pode estar brincando. Se Pekai fosse ao shopping por cinco dias ininterruptos, no quinto ela estaria fresca como se acabasse de sair do banho. Ela vai ao shopping para espairecer. Nunca vai se cansar".

Mas, na verdade, acho encantadora essa faceta de Pekai. É muito generosa e empolgada com suas idas às compras. Penso que talvez seja um sinal de que finalmente se sente bem aqui e que agora tem um inglês razoável. Tem a liberdade que tinha nos mercados de Mingora e, como naquela época, o que a deixa mais feliz é comprar coisas para outras pessoas, que acredita poder ajudar. Isso também prova, a meu ver, que podemos ser excelentes companheiros mesmo que alguns de nossos interesses sejam opostos. Detesto ir às compras — detesto! —, mas amo Toor Pekai.

Ser mãe de Malala mudou a vida de Toor Pekai, não só por não morarmos mais em nossa terra natal. Malala é uma personalidade internacional e, em decorrência disso, de vez em quando Pekai também fica sob os holofotes. Ela aprendeu com o tempo que, em vez de encarar essas aparições públicas como um dilema em que precisa decidir até que ponto cobrir o rosto com o lenço, pode dar algum uso à sua posição como mãe de Malala. Hoje em dia, fica contente diante das câmeras — sempre com o lenço cobrindo a cabeça, mas não mais o rosto — e concorda em dar entrevistas a jornalistas e em participar de mesas-redondas com o auxílio de um intérprete. Isso seria impensável para ela cinco anos atrás. Em consequência disso, penso que Pekai está adquirindo grande influência entre as mulheres comuns de nossa terra natal. Essas mulheres agora podem pensar em Malala como podiam outrora pensar em Benazir Bhutto, membro da elite educada, muito embora não seja essa a origem de Malala. Mas em Pekai elas veem uma mulher sem instrução formal, de uma aldeia no norte do Paquistão, que criou uma filha que pôde alcançar tudo o que almejava. Quando Pekai fala, essas mulheres ouvem a voz de uma mulher como elas, uma mulher comum falando por si mesma, reivindicando direitos para si e para a filha.

Quando pequena, Pekai brincava de prever o futuro com as primas. Uma das meninas se imaginava casada com um viúvo, mãe dos filhos anteriores dele e de seus próprios filhos, cozinhando e cuidando da limpeza de uma família numerosa. A segunda menina via uma vida solitária pela frente. Mas, quando chegava a vez de Pekai, ela dizia: "Sonho em viver numa cidade, não aqui em Shangla, e me trarão grelhados e assados do mercado. Gostaria muito disso".

Em certa medida, essas meninas previram mesmo seu futuro. A amiga que previu uma família numerosa tem muitos filhos, a outra é viúva com um filho, e Pekai leva um tipo de vida totalmente diferente. Já naquela época, ela sabia que queria algo mais que o destino habitual das meninas em Karshat, mas seus sonhos eram limitados. Eu gostava muito de levar kebabs e comida pronta para Pekai em Mingora, porque me agradava que ela não precisasse ficar na cozinha. Ainda trago assados e kebabs do restaurante paquistanês local de Birmingham. Ela se diverte. Mas Pekai não quer assados e grelhados para a próxima geração. O que ela quer para as meninas em Shangla é que digam: "Quero ser engenheira", "Quero ser médica", "Quero ter minha própria empresa". Este é o objetivo, e é possível com a educação. Sabemos disso porque Malala é uma prova viva.

Todos os anos, no dia do atentado, Pekai dá um cartão de aniversário a Malala como marco de sua segunda vida, que Alá nos deu. Quando Malala lutava pela sobrevivência, Pekai rezava com tanto ardor do lado de fora do hospital que meu sobrinho lhe pedia para abaixar a voz, mas ela tinha confiança em suas preces em voz alta.

Pekai acredita que, quando nosso coração está repleto de um amor genuíno pela humanidade, esse coração repleto de amor, bondade e compaixão agradará ao grande, ao supremo criador do Universo — para ela, é Alá. Desse modo, o coração de Alá se preencherá ainda mais de bondade e amor por nós. Esta é a essência de Toor Pekai.

Pouco tempo atrás, tivemos uma tempestade medonha em Birmingham. Pekai estava com Janet, praticando seu inglês. Janet notou que Pekai estava nervosa e aflita. "Venha, Pekai", disse ela. "Vamos ver um filme." Pensou que seria uma boa distração. Mas Pekai se mostrou horrorizada. "Filme não", respondeu. Quando voltei, Pekai me contou o que acontecera. Para Pekai, o temporal significava que Alá estava desgostoso. Ver um filme, a seu ver, deixaria Alá ainda mais irritado. "Oh, Pekai", disse eu, "você não precisa se preocupar em desagradar Alá por ver um filme."

Demos risada. Mas Pekai ama Alá. Nunca, jamais esquece que Alá lhe devolveu a filha.

4. Filha

Ó filha fiel de Hadhrat Eva,
Ó bela criação do Belo Criador,
segue teu caminho e cumpre tuas decisões,
pois a ti cabe também essa decisão.

Menina, não nasceste só para cozinhar.
Não arruínes tua juventude.
Não nasceste vítima, não nasceste
objeto para o gozo de um homem.

Começa tua nova vida, segue teu caminho,
e se em teu coração há uma triste canção
mantém nos ouvidos um hino de libertação.
Se te escravizam correntes, rompe-as
como romperam o Muro de Berlim.

Nós, teus verdadeiros irmãos, juramos...
nós, teus obedientes filhos, juramos

que ninguém te atacará ou insultará;
ninguém te desalentará ou te deterá,
porque nós, também, podemos ter coragem
para romper as correntes que nos escravizam.
Nós, também, mudaremos nosso pensar.

Ziauddin Yousafzai, de "Eu prometo", 1989
(trad. da versão inglesa de Qasim Swati e Tom Payne)

UMA ESTRELA SURGE

Malala nasceu de manhã cedinho. Seu nascimento trouxe à minha vida uma luz como a da mais brilhante estrela surgindo no céu. Foi uma estrela matutina para nós. Quando a vizinha que ajudou Pekai no parto bateu com urgência à minha porta, ouvi ao fundo o chamado para a oração matinal. Eu passara aquela noite dormindo no sofá de meu escritório na escola, e portanto não estava com Pekai. Ela deu à luz Malala em aposentos simples e pequenos. Os homens nunca estavam presentes durante o parto da esposa.

Mas enquanto aquele chamado para a oração ressoava sobre os telhados e Mingora começava a despertar, abri a porta e recebi o anúncio: "Você tem uma filha no seu lar, uma menina recém-nascida". Fui correndo até Pekai e minha filha, e as duas estavam deitadas juntas no catre. E acreditem quando digo que vi a luz e o brilho nos olhos de minha menina. Estavam muito abertos e brilhantes, não fechados e contraídos, e vi que reluziam. Vinte anos depois, ainda vivo cercado pela aura daquela luz. Ainda vivo na felicidade daquele momento. Era muito pura, muito refinada, o rosto muito claro, como se já estivesse com um mês de vida e não houvesse acabado de passar pelas provações do nascimento. Senti-me o homem mais abençoado do mundo por ter uma filha, uma filha como Malala. Tomei-a nos braços e não conseguia tirar os olhos dela, dessa bebê cintilante. Foi nesse momento, o momento em que olhei para ela, em seus olhos abertos, que soube que ali estava o começo de uma jornada, uma jornada dela e minha, juntos.

Ao vê-la, senti que era a bebê que eu havia aguardado. É legítimo perguntar: por que eu havia de querer trazer uma menina a um mundo, a uma sociedade patriarcal que não era estruturada para lhe dar apoio? Mas a resposta é simples. Quando pensava em ser pai de uma filha, imaginava meu papel totalmente diferente do dos pais que vira a meu redor quando era um filho com irmãs, quando eu mesmo era um menino numa sala de aula que não tinha nenhuma menina. Sabia que tipo de pai ia ser caso tivesse a sorte suficiente de ter uma filha. Tinha plena clareza quanto a isso. Ia ser um pai que acredita na igualdade e acredita numa menina crescendo para se tornar mulher, e a cria para que acredite em si mesma, para que possa ser livre na vida, como um pássaro.

Eu ajudara mulheres antes do nascimento de Malala. Ficara ao lado de minha prima, dando-lhe apoio, e passara muito tempo pensando em minhas irmãs, desejando poder contribuir mais para melhorar a vida delas. Mas, na verdade, a primeira pessoa em minha vida com quem fui capaz de iniciar essa jornada pela igualdade foi Malala. Minha verdadeira jornada *ativa* começou com ela porque, como disse, a transformação começa em cada um de nós. Malala era nova e não precisava ficar agrilhoada ao passado. Com seu nascimento, pude enxergar com novos olhos o potencial que o mundo tinha a oferecer. Minha bebê se tornou uma referência para mim.

Não me preocupava que minha sociedade pudesse reprimir essa criança. Ao olhá-la em seu berço de segunda mão, tive a convicção de que essa bela criança poderia fazer qualquer coisa no mundo e, como tinha fé nela, isso bastava.

Mas também é verdade que eu precisava ter fé em minha posição como pai de Malala. Meu amor era tão forte e instintivo que achava que, enquanto estivesse ao seu lado, dando-lhe apoio, nada se interporia em seu caminho. Olho para trás e me vejo decidido e convicto de que aquelas normas sociais com que eu vivia, aquelas tradições repletas de misoginia e machismo, não iriam abatê-la. Eu era seu escudo.

Dizia a mim mesmo: "Ziauddin, as pessoas terão de ceder e apoiá-lo nessa jornada, porque você nunca se deixará pressionar para voltar aos velhos costumes". Tinha força suficiente para crer na transformação que se iniciara em meu coração. Acreditava que essa mudança era tão poderosa, importante, justa, correta e verdadeira que nenhum poder do mundo conseguiria me afastar dela. Não só Malala era um bebê do gênero feminino, mas era também nosso primeiro bebê que *nascera com vida*. Acredito que, se Malala fosse a terceira ou quarta depois de uma sucessão de filhos, eu ainda teria esse propósito para ela, mas existe algo de único num primeiro bebê, sobretudo porque perdêramos sua irmã.

Acontece uma coisa curiosa no Paquistão. Algumas mulheres são celebradas por homens patriarcais, como a finada Benazir Bhutto, filha de Zulfikar Ali Bhutto, e Maryam Nawaz Sharif, filha de Nawaz Sharif, primeiro-ministro por três vezes. Mas essas mulheres pertencem à elite. Essas mulheres da elite são admiradas por pessoas comuns; são celebradas por homens de berço de ouro e homens da plebe. Esses homens ingressam nos partidos políticos dessas grandes mulheres, e as respeitam. Mas em suas próprias filhas, meninas de origem humilde vivendo em aposentos sem criadagem, dormindo em berços de segunda mão, eles não acreditam. Os homens não têm fé em sua própria linhagem. No Paquistão, é uma luta pela igualdade, mas também uma luta de classes. Pergunto a esses homens: "Se vocês aceitam Benazir Bhutto como Benazir Bhutto, por que não podem aceitar meninas comuns como Lubna, Kalsoom e Saba? Por que não podem ter sonhos para as meninas comuns em sua própria casa? Vocês têm essas grandes mulheres ali a seu lado, dentro do lar".

Tanto Malala quanto Toor Pekai hoje são vistas de outra maneira. Como disse, as mulheres de nossas antigas comunidades hoje tomam Pekai como modelo porque sua posição como mãe de Malala lhe deu liberdade para começar a falar em público. Devido à estatura mundial de Malala e seu prêmio Nobel da paz, veem-nos como se fôssemos de outra classe social, mas não somos. Digo a todos os nossos parentes: "Viemos de vocês, estamos com vocês e estamos entre vocês". Um dos primos de Pekai lhe disse: "Toor Pekai, você é fantástica. Fala o que pensa. Toda vez que fala, é sempre muito brilhante e temos orgulho de você". Ele disse isso a Pekai, mas não move uma palha para incentivar a própria esposa a se manifestar. Com frequência eu dizia aos homens de minha comunidade: "Por que vocês só aceitam e reconhecem as mulheres depois que elas estão à sua frente num palco aberto? Por que não aceitam todas as mulheres como seres humanos, tal como vocês mesmos? Por que precisam esperar que uma escola seja incendiada e uma menina corajosa se levante e pergunte 'Por que estão queimando minha escola?' e então se torne Malala do Paquistão? Por que uma menina precisa levar um tiro e então se tornar Malala mundialmente? Deixem que uma menina como Malala seja Malala sem todo esse sacrifício!".

Por que os homens comuns pensam que suas filhas não servem para ser líderes? É como se esses grandes cargos, essas grandes funções, esses grandes títulos se destinassem primeiro apenas aos homens e, depois, a mulheres ricas e empoderadas. Não era o que eu via para Malala e seu futuro. Pois se um pai não oferece a uma filha o espaço para pensar que tudo lhe é possível na vida, será extremamente difícil que ela acredite em seu potencial.

Quando olhava Malala adormecida na cama, eu não pensava: "Sim, ela é Malala e amo minha filha, mas, Ziauddin, seja realista, não temos muito dinheiro e ela é de classe baixa".

Nunca. Jamais. Eu acreditava em tudo para ela. Em vez de diminuí-la ou limitá-la com preconceitos antigos, pensava: "Ela vai mudar o mundo! Vai mover montanhas! Se lhe for dada a oportunidade, essa menina pode se erguer e mudar o mundo para todos. Está destinada ao sucesso".

Hoje, digo o mesmo a todos os pais, irmãos, homens e meninos: o mundo não virá até você, dentro de casa, enquanto sua filha ou irmã ainda é pequena, para lhe indicar que ela será a próxima grande mulher, a próxima grande cientista ou política, a próxima Malala. Cabe a você como pai, como irmão ou como mãe ser o primeiro a aceitar e incentivar o potencial na menina por quem tem amor. Cabe a você reconhecê-la e acreditar nela, acreditar, isso mesmo, que essa menininha no berço pode crescer e chegar lá. Se você não disser a suas filhas que elas são as melhores ou que podem trabalhar para atingir seus sonhos, quem é que vai dizer? E nossas crianças precisam disso, acreditem no que estou dizendo, elas precisam disso.

É sabido que Malala se chama assim por causa de Malalai de Maiwand, a combatente pashtun que morreu em campo de batalha defendendo sua causa. Claro que não lhe dei esse nome por causa da guerra, da batalha ou do martírio. Dei-lhe esse nome porque foi a primeira mulher em nossa cultura a ter identidade própria, nome próprio. Lembro-me da primeira vez em que refleti adequadamente sobre o sentido disso, antes que Malala nascesse. Eu estava na casa de meu amigo em Mingora, muito antes de me casar. Meu amigo Usman Olasyar muitas vezes me oferecia refeições, para me ajudar naquele momento de dificuldade. Estava noivo de Pekai, que voltara a Shangla, aguardando que eu ganhasse o suficiente para podermos nos casar. Eu estava sentado em seu divã tomando *chai* e fitando o cartaz emoldurado de uma moça a cavalo, uma moça desenhada em toda a sua glória e grandiosidade. Em torno dela estavam as famosas palavras: "Milhares de homens podem ter alcançado o auge do sucesso, mas não se igualam ao que Malalai de Maiwand fez com um único chamado". Fiquei muito comovido. Um único chamado dessa jovem Malalai de Maiwand teve muito mais valia do que milhares de homens de valor juntos. Aquilo me pareceu muito romântico. E me pareceu tão justo que pensei: "Se eu tiver a sorte de ter uma filha, vou lhe dar o nome de Malala".

Quando Malala era bem pequena e dizia que queria ser primeira-ministra, as pessoas sorriam com ar de quem diz: "Você? Primeira-ministra do Paquistão?". Desde o começo pensei: "Ora, essa brilhante estrelinha pode ser mais inteligente do que quem já está no topo".

Assim, quando as pessoas riam dos sonhos de Malala, eu sentia a mesma raiva que sentira quando os homens de minha família não mostraram qualquer interesse por ela no berço, apenas porque era menina.

No entanto, para concretizar essa minha esperança de que Malala vicejasse, crescesse e florescesse em vez de mirrar como uma planta ressequida e desatendida, era preciso um ingrediente a mais: a educação. Sou um romântico e um idealista, mas via aí uma necessidade prática e urgente. Assim como a educação me tirara de Shangla, a única maneira para que minha filha extrapolasse os limites de nossa sociedade seria obtendo um diploma e um emprego.

Mesmo as meninas ricas precisavam de educação. Os meninos ricos, filhos de senhores feudais, podem ascender com o dinheiro e o poder da família, mas, para qualquer menina do Paquistão e de muitos outros países, a educação é a única forma de escapar ao patriarcado e ao casamento precoce.

O LENÇO DE MALALA

Malala foi aceita no pré-primário de minha escola aos cinco anos de idade. Tudo ali lhe agradava. As carteiras, os livros, o uniforme. Mesmo depois das aulas, ela costumava ficar por lá com as outras meninas, sem querer ir embora. Como morávamos em dois cômodos em cima das salas de aula, ela entrava e saía dali desde que começara a andar, mas o momento em que se tornou aluna de verdade foi de imensa importância.

Tínhamos três períodos por ano; desde o começo, comprei para ela uma pasta onde guardava em ordem todas as folhas de respostas, presas com clipes, junto com todos os exames, boletins e certificados. Ainda hoje temos alguns deles. Era como se Malala soubesse que essa vida na sala de aula era de grande valor. Queria guardar cada coisinha, respeitar cada coisinha dessa vida, prestar-lhe a pequena honra da ordem e do asseio. Era algo quase frenético, uma espécie de amor louco, de amor desesperado. Era, de fato, uma obsessão pela escola.

As meninas usavam uniforme, que consistia num *shalwar* branco e *kamiz* azul-escuro, com um lenço branco no verão e um lenço preto no inverno. As meias e os sapatos eram pretos. Malala andava com uma mochila rosa-choque com filetes de um rosa mais escuro.

Às vezes eu chegava em casa depois das aulas e encontrava Malala agachada ao lado da torneira aberta, numa pequena área de concreto do lado de fora de nossos cômodos. Era nossa única saída de água, usada para lavar louça e roupa, as roupas não todos os dias, mas três ou quatro vezes por semana. Muitas vezes Malala estava ali ao lado da torneira, não muito maior do que a altura do cano na parede, com o lenço da escola na mão. Punha o lenço num balde em cima da mesa, sob a torneira, e ficava esfregando e torcendo, para tirar o pó e a sujeira que se depositavam ali ao longo de seu dia despreocupado em Mingora.

Malala era muito cuidadosa com isso. Lavava também as meias do uniforme. Era muito prestativa com Pekai. Havia poeira por toda parte em Mingora, por causa do trânsito e do calor. Malala não gostava de sujeira, mas agrada-me pensar nesse seu cuidado em lavar o lenço como exemplo de seu orgulho em estudar. Ela esfregava até a água ficar turva, então sacudia o lenço e pendurava em nosso varal no telhado. Com o sol, ele secava quase instantaneamente e, no dia seguinte, ali estava o lenço limpo e novo na cabeça de Malala, pronta para mais um dia em sua carteira escolar.

A paixão de Malala pela escola vinha de casa ou de sua natureza? Creio que das duas. Pode-se dizer que Malala era a semente perfeita em solo perfeito, uma semente mágica no solo mais propício para seu desenvolvimento. Nosso lar era dedicado ao aprendizado e ela era dedicada ao aprendizado. Mas era também uma menina de muita sorte, se comparada a algumas amigas suas, pois também contava com nosso apoio. A educação não se resume a aprender fatos e fazer provas. As melhores escolas são aquelas onde se libera o potencial de todos os estudantes, onde todas as meninas recebem asas para voar e onde lhes é incutida essa confiança para que tenham uma vida bem-sucedida, construída por elas mesmas.

Quando criei a escola de ensino médio em 2003, sabia que fortalecer as meninas era tão importante quanto lhes ensinar inglês e urdu. Andava pelas salas de aula e às vezes elas me diziam que queriam muito estudar, mas não tinham apoio em casa. Não raro eu fazia a mediação com os pais, mas era difícil mudar a velha concepção entranhada de que a educação de uma menina, para além de certo ponto, era perda de tempo. Em Mingora, não era incomum frequentar a escola na infância. Era no começo da adolescência que as meninas sumiam da sala de aula, quando em geral as famílias começavam a prepará-las para o casamento.

No começo, antes mesmo que Malala e os meninos entrassem na escola, não éramos uma família privilegiada. Não tínhamos muito dinheiro nem um bangalô grande. Mas tínhamos uns aos outros. Nossa família era muito unida e amorosa, e isso nos dava força. Não é como se naquela época eu fosse pegar uma arma de verdade e dizer a todos os homens: "Certo! Vou combater qualquer um que se oponha a Malala. Vou me opor a qualquer um que se intrometa no caminho de minha filha". Esse tipo de desafio veio com a invasão do Talibã. Antes disso, era uma força de tipo espiritual; as pessoas viam nossa afeição e adoração por ela.

Pekai queria muito que Malala tivesse a educação que ela mesma não tivera. O único aspecto em que elas discordavam era até que ponto Malala se cobriria em público. Muitas mulheres andavam em nossos mercados com burcas, triângulos de tecido grosso que se encaixavam bem justo na cabeça, como gorros, e depois desciam soltos até o chão, cobrindo todos os centímetros do corpo para proteger a honra. É preciso habilidade para usar uma roupa assim, porque, para andar, é necessário manter a burca ondulando em volta dos pés. Mas, depois que se aprende, a burca proporciona uma janela por onde a usuária pode ver o mundo sem ser vista por outros olhos que não os do marido. Pekai não usava burca, mas, como disse, cobria o rosto com um lenço. Malala usava lenço, mas não cobria o rosto. Malala se negava a obedecer quando Pekai lhe dizia para cobrir mais o rosto. Não queria ver o mundo por detrás de um véu. Queria vê-lo de rosto limpo, como faziam os homens. Para ser sincero, eu concordava com ela. Não via vergonha nenhuma nisso. Malala não só não cobria o rosto como fitava diretamente qualquer homem que olhasse para ela. Às vezes, quando saía com Pekai e passava pelos homens, devolvia-lhes o olhar e os pegava fitando outras mulheres cobertas, que andavam com os olhos fixos no chão. "Malala, por favor", dizia Pekai. "O que você está fazendo? Desvie os olhos. Não olhe para esses homens." Mas Malala replicava: "Ora, se eles podem me encarar, por que não posso encarar de volta?".

Para ela, a sociedade via aquilo como uma espécie de tabu, mas não sentia medo e tinha curiosidade sobre esses limites públicos que lhe pareciam errados. Já na época, reivindicava um direito que considerava seu.

QUANDO O TALIBÃ ROUBOU NOSSO KOH-I-NOOR

Tudo o que Malala é, tudo o que Malala tem, deve-se à sua educação. Se não tivesse feito a quinta, sexta ou sétima série, se não tivesse em si mesma esse amor pelo aprendizado, se não fosse inquisitiva, ousada e confiante dentro e fora de casa, nunca se tornaria uma voz poderosa em favor das meninas de todo o mundo. "Malala", a menina que se tornou um exemplo, sem sua educação, teria passado a vida sem ser ouvida e sem ser celebrada. Sua voz impressionante, que é ouvida por todo o planeta, teria sido silenciada.

Eu sei e ela sabe que a educação era a única saída, a única oportunidade para construir um futuro próprio, para ter independência financeira, para fazer na vida tudo o que ela mesma decidisse.

Para Malala, a educação era o Koh-i-noor de sua vida. O Koh-i-noor é um diamante que empreendeu uma longa e dramática viagem da Índia à Grã-Bretanha, onde agora faz parte das joias da coroa. A instrução era o Koh-i-noor de Malala. Não havia um plano B. Nenhum. Se não houvesse uma educação e depois uma carreira, o que sobraria para uma menina como Malala era um marido aos vinte anos — dezesseis, se não tivesse sorte. De outro modo, sem a educação, Malala agora seria mãe de duas crianças, e não uma prêmio Nobel estudando em Oxford.

Sempre que alguém me pergunta como Malala chegou a ser o que é, costumo responder: "Pergunte-me não o que fiz, mas o que não fiz. Não cortei suas asas". No Paquistão, às vezes encontrava famílias que tinham algum pássaro no quintal, talvez uma pomba, e esse pássaro não podia mais voar. Bamboleava pelo chão de terra, erguendo e virando a cabecinha de um lado para outro, mas o ingrediente vital de sua existência se fora. Alguém, sem dúvida um pai ou um irmão, pegara uma tesoura e cortara tão curto as suas penas de voo que a ave não conseguia mais descolar do chão. Era uma espécie de demonstração de propriedade sobre aquela pobre criatura indefesa, por diversão ou por vontade de ter um animal de estimação obediente, obrigado a viver contra seu instinto primitivo de voar. Sempre me pareceu uma crueldade.

Quando digo que "não cortei as asas" de Malala, o que quero dizer é que, quando ela era pequena, quebrei a tesoura usada pela sociedade para cortar as asas das meninas. Não deixei essa tesoura se aproximar de Malala. Queria que ela voasse alto no céu, e não que se arrastasse por um pátio empoeirado, presa à terra por normas sociais, e eu a defenderia, protegendo-a, até que tivesse confiança e força para alçar voo sozinha, sem precisar mais de proteção.

Como se forma uma criança, menino ou menina, para ser destemida e confiante? Penso que é pelo elogio. O que eu fazia todos os dias, também com os meninos, mas em especial com Malala, quando realizava alguma coisa grande ou pequena como filha, se tirava boas notas, se fazia bem o dever de casa ou anunciava uma nova ideia, bela e inocente, era elogiá-la. Amava sua criatividade. Empenhava-me para que ela se sentisse o ser humano mais sábio que existia nessa terra, o mais belo ser humano que já existira no mundo. E penso que todos os pais têm essa responsabilidade para com suas filhas e filhos. Todos os pais podem criá-los dessa maneira. Vejo ao meu redor inúmeras crianças que são criadas em meios que simplesmente não têm qualquer foco na própria criança. No Oriente e no Ocidente, ensinamos a nossos filhos e filhas que devem acreditar em Deus, nos profetas, nos santos e nos livros sagrados.

Dizemos que devem acreditar em anjos que não conseguem ver e, no Oriente, no *jin*, a criatura que veio antes de nós. No entanto, aqui estão nossas crianças à nossa frente, com toda a sua materialidade, em carne e osso, com paixões e emoções, pensamentos, sentimentos e sabedoria. Existem com tudo o que têm, mas raramente lhes dizemos para acreditarem em si mesmas.

Conforme Malala crescia, sua confiança para falar em público também aumentava. Subia num palco em competições de discursos e debates e mostrava o mesmo carisma e a mesma segurança que o mundo vê nela desde então. Costumava participar de todas as competições periódicas e se saía muito bem. Em 2010, tornou-se a primeira oradora da Assembleia Infantil em Swat, chegando a esse cargo por eleição. Essa assembleia foi criada por meninos e meninas em conjunto, com a participação de muitas escolas de todo o vale.

A turma de Malala era especial e inteligente. Todas as meninas eram competitivas, mas no bom sentido. Não havia inveja entre elas; todas estavam unidas na aventura da educação. Todas eram inteligentes, mas algumas enfrentavam resistência dos homens da família.

Uma vez, quando resolvi organizar uma competição mista de debates entre as alas masculina e feminina de minha escola, no edifício dos meninos, o irmão de uma menina veio falar comigo.

126

"Senhor, minha irmã não irá à escola dos meninos e não falará na frente dos meninos. Por que o senhor sugeriu que as meninas falassem diante deles com o rosto descoberto?"

Eram os chamados tabus com que eu tinha de lidar constantemente. Se os pais tivessem permitido, creio que pelo menos dez meninas daquela turma teriam se desenvolvido e chegariam a ter a influência que Malala tem. Nos tempos de paz, tudo em nossa vida era proativo, trabalhando por uma vida melhor. Malala estava sempre discursando nas competições e começava a fazer seu nome no circuito das escolas. Mas ainda era novinha e, na verdade, isso constituía um passatempo em que ela se saía bem, fonte de troféus e medalhas e mais uma maneira de se sentir ouvida, apreciada e valorizada. É irônico pensar que, enquanto Pekai e eu incentivávamos tais coisas para fortalecer sua autoconfiança, Malala estava prestes a perder a parte mais fundamental de sua vida.

Meu ativismo sempre foi proativo. Queria melhorias em nossa comunidade. Queria mais democracia, mais plantio de árvores, mais água potável, mais escolas. Queria melhores condições de vida para todos em Mingora. Como professor e diretor, diariamente me erguia contra os pais patriarcais que não queriam educar as filhas, mas nunca, jamais imaginei que o ensino das meninas viria a ser proibido.

Quando a talibanização militante se iniciou no vale do Swat em 2007, foi como se me tirassem todo o meu alicerce. Onde fica a pessoa quando isso lhe acontece? Em lugar nenhum. Ao proibir a educação de meninas, o Talibã estava tirando o futuro de Malala. O Koh-i-noor nos fora roubado. Todos aqueles sonhos e esperanças de uma vida melhor que eu acalentara para Malala desde seu nascimento, para as meninas da Escola Khushal e para as

50 mil meninas em idade escolar no vale do Swat, estavam desaparecendo.

Regularmente, o Talibã marchava por Mingora com bandeiras na mão e fuzis presos às costas. O Talibã estava por toda parte. Homens que antes eram pessoas normais em nossa comunidade agora faziam parte desse exército violento. Muitas vezes percorriam as ruas em jipes, cantando pneu e levantando poeira. Tinham cabelo comprido e sujo sob o turbante e usavam a barra da calça enfiada dentro das meias. Usavam tênis de corrida. Invadiam os mercados das mulheres, com olhos dardejantes procurando mulheres que lhes parecessem menos subservientes do que deveriam. Todas as manhãs e todas as noites, saíam informes nos noticiários e nos jornais sobre o bombardeio a mais três, mais quatro escolas. Ao todo, foram destruídas mais de quatrocentas escolas, e passou a ser rotineiro que todo dia uma escola explodisse. E então, em 15 de janeiro de 2009, veio a proibição do ensino para as meninas.

Eu quebrara a tesoura que cortaria as asas de Malala. Criara minha filha para se sentir capaz de voar à altura que quisesse, mas o Talibã veio podá-la armado não com tesouras, e sim com bombas e fuzis. Depois dos sermões na rádio clandestina, a violência se tornou desumana. Pessoas que eu sabia serem opositoras do Talibã eram levadas à noite e encontradas de manhã, decapitadas na praça ou atiradas ao esgoto.

A ideia de não protestar, de calar, não me passou pela cabeça. Foi instintivo. Não tinha escolha porque acredito que a vida humana não significa respirar oxigênio e expirar dióxido de carbono. Acredito que a vida humana significa humanidade, com toda a sua dignidade, com todos os direitos humanos fundamentais que nos cabem. Não viverei um único dia sem lutar por esses princípios. Se fosse para viver apenas um único dia segundo minhas próprias escolhas, ou séculos de subjugação a fanáticos e assassinos, eu escolheria viver um dia de liberdade.

Claro que sentia medo, mas o medo também nos dá coragem. Tinha medo que me matassem, pois muita gente estava sendo assassinada, mas meu maior receio era de que Malala e todas as meninas de nossa terra ficassem sem educação, que as meninas nascidas em nossa área do Paquistão tivessem um futuro sombrio. Eu agia com a convicção inabalável sobre o direito das meninas de receber educação, mas havia também um pânico, um terror sobre o que poderia ser o futuro de Malala e o futuro do Paquistão.

Com o tempo, restaram pouquíssimas pessoas dispostas a protestar. Diziam: "Não podemos falar porque damos muito valor à vida. Não falaremos porque temos medo". E se alguém de fato falava? Às vezes diziam o que o Talibã queria ouvir: "Exigimos que o Islã e a Sharia sejam implantados em Swat, para termos paz!".

E eu me erguia e me opunha a eles: "Não é uma questão do Islã!", dizia a quem quisesse ouvir. "Não temos nada que não seja islâmico em Swat. Já somos uma sociedade islâmica. É uma questão de poder! É uma questão de ganância. São valentões que querem vir aqui e controlar nossa vida. Isso é inadmissível! Na verdade, esse ódio e violência vão contra o Islã!"

Enquanto as pessoas à minha volta silenciavam, eu continuava a falar. Proclamava minha mensagem pelas praças de Mingora. Tentava falar tudo de maneira simples e lógica, para que todos entendessem. Os jornalistas que cobriam o conflito apreciavam essa característica.

A meu ver, eu estava desempenhando meu papel no futuro de um país. Erguer-me contra o Talibã foi a responsabilidade que assumi para com nossas gerações futuras. Não eram apenas os sonhos e os direitos de Malala que eu estava protegendo. Eram os sonhos e os direitos de todas as meninas de minha escola e do vale do Swat. Sentia dor e raiva por minha filha e por todas as filhas desse país. Dirigia uma escola de meninas. Havia outras 50 mil meninas estudando no Swat. O que significava essa talibanização? Significava que nenhuma mulher teria poder; nenhuma mulher seria livre; nenhuma menina teria educação. Significava que as mulheres seriam escravas.

Sentia-me devastado quando via o futuro de Malala nesses termos. Pode-se imaginar como era, depois de tudo o que eu tentara fazer por ela? Era uma dor quase física.

Devido à maneira como eu me manifestava, os jornalistas me procuravam com frequência para informações e entrevistas. Um dos jornalistas que cobriam o conflito era Abdul Hai Kakar, amigo meu que trabalhava para a BBC Urdu e para quem, alguns meses depois, naquele mesmo ano de 2009, Malala começou a escrever seu diário secreto sob o pseudônimo de Gul Makai. Abdul Hai Kakar me alertou que eu estava aparecendo demais. "Zia", disse ele, "você está falando demais. É perigoso. Eu já falei para a redação que precisamos parar de veicular tanto seu nome e sua voz."

Os jornalistas da região estavam ao mesmo tempo sendo vigiados pelo Exército paquistanês e recebendo ameaças do Talibã. "Vamos cuidar de vocês!", diziam os comandantes do Talibã, frase que significava uma ameaça de morte.

"Somos todos mortos-vivos, Zia", alertou-me Abdul Hai Kakar. "Estamos cavando nossa própria cova." Mas ele não parou com as matérias, apesar das ameaças, e tampouco eu parei de falar.

Ninguém deseja morrer. A vida humana é preciosa. Eu não queria morrer, mas sabia que o que estava fazendo podia me custar a vida. Comecei a receber ameaças de morte, que eram passadas por baixo da porta e também saíam nos meios de comunicação. É traumático pensar na própria morte, em abandonar os filhos pequenos, trazê-los ao mundo e depois partir cedo. O que mais me assustava não era que o Talibã desse cabo de mim, mas que eu deixasse minhas crianças sem pai. Ao mesmo tempo, porém, pensava: "Estou no caminho certo. Estou erguendo minha voz em defesa dos direitos humanos fundamentais, da educação e da paz em meu país. E que Deus não permita, Deus não permita que isso aconteça, mas, se acontecer, não me arrependerei". Os amigos constantemente me diziam para agir com cautela. Toor Pekai estava aterrorizada e abria pessoalmente a porta, supondo que o Talibã não mataria uma mulher. Malala também estava apavorada por minha causa, mas nenhuma delas insistiu que eu parasse.

Um amigo me falou: "Você já recebeu uma ameaça de morte, Ziauddin. Do jeito que você anda falando, será fatal. Está pedindo para morrer". E lembro-me do que respondi. Falei: "Nesse momento, minha felicidade é o amor que tenho por minha família, meus filhos e minha esposa. Mas, e se eu morrer? Minha mãe e meu pai estarão lá esperando por mim. Voltarei a essa primeira família". Era assim que eu justificava meu ativismo para mim mesmo. Via-me dentro de um quadro maior. Via meu ativismo não como uma coisa grande e nobre que mudaria o mundo, mas como algo que podia fazer por minha comunidade. E, no fundo, pensava: "E se eu morrer? Vale a pena porque proteger meus direitos ou os direitos da minha comunidade vale minha vida". Recebi ameaças de morte em 2008 e 2009, mas o Talibã não me tirou a vida. Não interrompi meu ativismo por causa dessas ameaças, embora tomasse precauções, como, por exemplo, mudar minha rotina. Mas, dez meses antes do atentado contra Malala em 2012, houve uma ameaça à vida dela. Era meu calcanhar de aquiles. O Talibã encontrara uma maneira de me silenciar.

UM PÁSSARO VALENTE

Há uma ideia comum, penso eu, de que Malala foi atacada apenas por ir à escola ou por transgredir a proibição ao ensino das meninas em janeiro de 2009. Realmente transgredimos a proibição na época. Para as que quisessem, fingíamos que as meninas em anos mais adiantados estavam na quarta série, que era o limite permitido, e mais tarde passamos a lhes dar aulas em segredo. Mas Malala foi alvejada pelo Talibã por causa da força de sua voz. Sua voz começara a fazer uma diferença efetiva no Paquistão. Tornara-se mais alta e mais vigorosa entre 2009 e 2012. O povo de nosso país a ouvia. A voz de Malala era muito mais poderosa do que a minha porque vinha do coração de uma criança. Ela não era política; era inocente. Apenas acreditava na educação. Suas intenções eram inteiramente puras. O que antes era um talento nos debates do circuito escolar se converteu em algo muito maior. Jamais imagináramos que o Talibã atacaria uma criança. Nunca atacara nenhuma criança antes.

O exército afastou o Talibã de Mingora em 2009, depois de um breve período em que nos tornamos refugiados internos. Pekai levou as crianças para Shangla, ao passo que eu fiquei em Peshawar, em campanha com meus amigos Fazal Maula, Ahmad Shah e Muhammad Farooq.

Quando voltamos a Mingora alguns meses depois, ainda em 2009, parecia uma cidade-fantasma. Nossa escola, onde haviam ficado as forças de segurança, estava coberta de grafites e detritos, e a mobília estava toda revirada. Malala e eu continuamos a falar em público sobre os direitos das meninas à educação. O que sentíamos não era medo, e sim um grande orgulho de que Malala erguesse sua voz e falasse pelo povo de nosso país. Quando sua voz se avolumou e passou a ser ouvida por todo o país, uma multidão se reunia em torno dela aonde quer que fosse. Nos aeroportos, pediam-lhe fotos e autógrafos. Era um imenso apoio e, quando nosso povo nos dá apoio, todo o resto se apequena. Os que não podiam erguer a própria voz eram os que importavam a ela. Malala era a voz *deles*. Pekai dizia a nós dois: "Se vocês não falarem, quem mais falará?".

Quando relembro aqueles dias, o ativismo de Malala junto

com o meu, vejo que estávamos ambos muito engajados naquela luta. No Swat, não era uma luta individual. Eu fazia parte do conselho de anciãos no Swat e era presidente do Conselho Mundial da Paz, o que significava que havia outros homens em campanha também. Alguns de meus amigos ativistas da paz mais próximos foram mortos em ataques terroristas, e outros ficaram feridos. Havia outras meninas em minha escola que se manifestaram, mas, com o tempo, isso cessou devido aos temores dos pais.

Quando estamos em batalha, quase nem pensamos em outras coisas, no que está acontecendo à nossa volta. Ficamos concentrados na luta. Por muito tempo, nem pensei na ameaça à vida de Malala. Isso porque tomava como certo que Malala estava segura e nunca aconteceria nada a ela, uma adolescente. Foi por isso que deixei que escrevesse o diário anônimo com o nome de Gul Makai. Não me ocorreu que ela estivesse em risco.

E quando nós dois, naquele ano, participamos de um documentário do *New York Times* chamado *Class Dismissed* [Turma dispensada], tampouco imaginei que aquilo a poria em risco. Creio que pensei: "Sim, o Talibã destruiu mais de quatrocentas escolas, mas nunca atacaram uma criança. Por que fariam isso? E uma menina? Como é que viriam atrás de uma menina?". Tomava por certo que ela estava em segurança, o que agora vejo como uma espécie de ingenuidade.

As pessoas que criticam Toor Pekai e a mim por termos permitido que Malala se tornasse uma menina ativista num lugar tão perigoso têm o direito de nos criticar. Claro, sei que as pessoas pensam: "Você é um idealista. Sua prioridade máxima devia ser sua vida", mas somos todos seres humanos. Somos parecidos em muitas coisas, mas também somos diferentes em muitas outras. Tal como eu via, nossa reação tinha a coragem instintiva de uma ave mãe defendendo seus filhotes. Quando vê os filhotes em perigo, quando vê uma cobra se enrolando em volta do ninho, ela levanta voo e grita. Pia e grita em sua própria linguagem. Não fica passiva. Não vai se esconder em outro canto da floresta.

Nossa família inteira vivia de uma maneira que tornava impossível aceitar a talibanização. Lêramos e acreditávamos nas palavras de Martin Luther King Jr., de Gandhi, de Nelson Mandela e Bacha Khan, pessoas que haviam mostrado verdadeira bravura durante grandes lutas. Então eu não me renderia. E com Malala era a mesma coisa. Era uma ativista nata, e as circunstâncias lhe deram uma plataforma. Não "criamos" uma Malala. Não "criamos" um Martin Luther King Jr. ou uma Rosa Parks. Como pais, o máximo que podemos fazer é inspirá-los com nossas ações e nossos valores. Quando a plataforma de Malala aumentou no Paquistão, Toor Pekai e eu vimos que Malala não era uma menina comum, ou melhor, era uma menina comum mas com um talento, uma sabedoria e uma coragem extraordinários. Eu lhe dizia: "Jani, seus discursos tocam o cerne do coração das pessoas".

No final de 2011, ocorreram dois momentos centrais para o reconhecimento da influência de Malala no Paquistão. O primeiro foi quando o arcebispo Desmond Tutu postulou seu nome para o Prêmio Internacional da Criança. A indicação dizia: "Malala ousou se erguer por si e pelas outras meninas e usou os meios de comunicação nacionais e internacionais para que o mundo saiba que as meninas devem ter o direito de ir à escola". Ela não ganhou o prêmio, mas ficamos muito orgulhosos. Iria ganhar dois anos mais tarde, depois do atentado. Mas, no final de 2011, o primeiro-ministro paquistanês Yousaf Raza Gilani decidiu homenagear sua bravura com nosso primeiro Prêmio Nacional Juvenil da Paz. Mais tarde, o prêmio recebeu seu nome e passou a ser conhecido como Prêmio Nacional Malala da Paz. Em decorrência disso, por solicitação de Malala, o primeiro-ministro orientou as autoridades a criarem um campus de tecnologia da informação na Faculdade Feminina de Swat.

Malala já começava a pensar em criar sua própria organização para ajudar as meninas carentes, submetidas ao trabalho infantil doméstico, a frequentar a escola. Mesmo naquela época, com catorze anos de idade, tinha grandes ambições. Seu perfil no Paquistão como menina ativista estava bem consolidado.

O Paquistão é um país cheio de conspirações. Os dissidentes diziam que a luta de Malala era, na verdade, minha, e que eu usava sua voz. Mas se eu tivesse pretensões de fazer de Malala um prolongamento meu, uma parte minha, de minha "campanha", acho que ela teria ficado muito pequena. Em termos de impacto, não teria sido maior do que eu. Não teria me posto totalmente à sua sombra. Sua capacidade de comunicação era maravilhosa. Foi fundamental para seu sucesso.

Mas o sucesso de Malala era uma ameaça para o Talibã. Não podiam mais desconsiderá-la por ser uma simples criança.

Em janeiro de 2012, o governo sindh nos informou que iria mudar o nome de uma escola secundária feminina, batizando-a de Malala. A Geo TV nos convidou para ir a Karachi. Resolvemos ir de avião — a primeira vez que Malala entrava num avião —, em família, exceto Khushal, que estava no internato em Abbottabad.

Quando estávamos em Karachi, um jornalista paquistanês do Alasca, apoiador de Malala, foi ao albergue onde estávamos hospedados e me falou de uma ameaça do Talibã à vida de Malala e de outra ativista pelos direitos femininos. O Talibã teria dito: "Nenhuma das duas é pessoa de bem. Estão trabalhando em favor do Ocidente e estão em nossa lista de alvos". Mais ameaças estavam por vir.

Foi o pior dia de minha vida até aquele momento, o pior de todos. Pela primeira vez, o medo de que Malala pudesse correr perigo me gelou. Naquele dia, fôramos convidados para um almoço, mas não consegui comer. Estava profundamente traumatizado. Havia me preparado para a minha própria morte, mas essa ameaça à vida de minha filha? Era inadmissível. Penso que devo ter ido sete vezes ao banheiro, com necessidade de urinar, por puro nervosismo. Essas ausências da mesa ficaram tão flagrantes que precisei me desculpar com os anfitriões. Comentei sobre a ameaça contra Malala, mas, ao contrário de mim, ela manteve a calma.

O que devia fazer? Não sabia. Quando voltamos de Karachi para Mingora, fui à polícia e lá me mostraram um arquivo sobre Malala, e como sua projeção nacional e internacional atraíra a atenção do Talibã. Disseram-me que ela precisava de guarda-costa, mas a ideia não me agradou. Duvidava que um guarda-costa lhe desse segurança, visto que outros ativistas no Swat haviam sido assassinados mesmo tendo guarda-costa. E me preocupava também com as outras crianças na Escola Khushal.

Em vez disso, liguei para um amigo, Haider Ali Hamdard, que era médico em Abbottabad, para me aconselhar. Comentamos sobre um famoso internato feminino que havia lá e concluímos que seria sensato transferir Malala da Escola Khushal em Mingora para Abbottabad, que era muito mais pacífica. Tivemos sorte. A escola disse que a aceitaria. Eu não podia pagar as mensalidades, mas devido à proeminência de Malala, ela seria estudante honorária. Estávamos providenciando sua matrícula para janeiro de 2013, que é o início do ano letivo. Por isso fui às autoridades de segurança e falei: "Estou transferindo Malala para Abbottabad", mas eles responderam: "Bom, se vocês forem discretos, não há nenhuma diferença entre Swat e Abbottabad. Por que transferi-la?".

Parei de me manifestar, e as pessoas em Mingora começaram a pensar: "Por que ele ficou tão quieto?". Passamos a ser muito seletivos quanto às atividades de Malala. Não deixei que aceitasse a proposta de ser a embaixadora da paz do governo de Khyber Pakhtunkhwa. Disse-lhes: "Lamento, mas no momento ela não vai ser embaixadora da paz por coisa alguma".

Malala discursou em alguns compromissos durante 2012, mas não em muitos. Eu lhe dizia: "Não use a palavra 'Talibã', por favor. Diga apenas 'terroristas'".

"Aba", respondia ela, "eles chamam a si mesmos de Talibã. Então, como vou chamá-los? Esse é o nome deles. Essa é a identidade deles."

Se eu lhe dissesse "Pare já de fazer campanha!", duvido que ela obedecesse. Podia me negar a acompanhá-la, mas seria uma traição tanto da vontade de Malala quanto dos valores de nossa família. Sua convicção era muito forte. Ela sabia de seu poder naquela época.

Todos à nossa volta tinham medo do Talibã, e era um medo real e justificado. Esse medo real torna até irreal nossa coragem. Para nós, como todos os outros tinham fugido do campo de batalha, restando apenas algumas pessoas, era mais uma razão para prosseguir. Éramos a única chance que restara. Parece loucura, mas está em nosso DNA.

Mesmo assim, esse ano de 2012 no Paquistão foi terrível para mim. Vivia sob medo constante. Não era mais um leão no campo de batalha. Vivia nervoso e sobressaltado, não por causa da ameaça que pairava sobre mim, mas por causa da ameaça a Malala. As ameaças do Talibã muitas vezes eram vazias, e eu sabia disso. Quantas ameaças haviam sido feitas, e nada acontecera? Mas também perdera amigos. Uma grande parte de mim ainda pensava: "Uma criança não! Uma criança nunca!". Mas vivia sempre atento e olhando em volta, muito mais do que no começo de 2009, quando poderiam ter me sequestrado à noite e me decapitado.

O Talibã atacou Malala em 9 de outubro de 2012. Os fatos sobre o atentado já foram contados muitas vezes nos últimos seis anos, em jornais, nas televisões de todo o mundo, em seu livro best-seller e num filme premiado. Neste livro, também tento reviver aqueles dias para que as pessoas entendam o quanto não só eu, mas toda a família foi afetada por quase perdê-la. Para Malala, porém, o atentado contra sua vida é como um mito. Hoje ela o descreve como se fosse uma história. Sei que parece muito estranho, mas ela não se lembra de nada do ataque, nem muito dos dias subsequentes. Ela diz: "Aba, quando ouço as histórias — que existe uma menina chamada Malala que foi alvejada pelo Talibã —, soa como uma história para mim. Não associo de forma alguma à minha vida. Ainda sou a mesma". Então esta é nossa segunda bênção. Nossa filha pode trazer as cicatrizes físicas do que lhe aconteceu, mas conseguiu de alguma maneira se libertar dos elementos mais angustiantes de sua história e pairar acima deles, olhando do alto as provas de que quase perdeu a vida, conservando a alma intocada pela tragédia e sua resolução inalterada. Malala tem razão. É a mesma. É a mesma menina calma e esforçada que sempre foi. É a mesma ave corajosa que era em Mingora, engajada e livre.

AS MULHERES ESTÃO VINDO PARA CONQUISTAR A HONRA PARA TI

Malala disse que soube que prosseguiria com seu ativismo quando estava no hospital em Birmingham, antes mesmo que estivéssemos junto a seu leito: "Eu estava meio sem saber o que os outros pensavam", disse-me depois. "Será que alguém sabia que eu tinha sido atacada?" Uma das enfermeiras lhe trouxe uma caixa de cartões com votos de melhora, vindos do Japão, dos Estados Unidos, enviados por gente de seis a 92 anos de idade. "Uau", disse ela à enfermeira. "Quanta gente me dando apoio!" A enfermeira fez um ar de espanto. "Essa é só uma caixa, Malala. Temos milhares de cartões. Temos caixas e caixas e mais caixas. Isto aqui é só uma pequena parte."

"Entender que não estava sozinha nessa luta foi o que me deu coragem e esperança para o futuro. Sobrevivi por alguma razão." Foi isso o que Malala nos disse.

Ela escapara por um triz. A bala tinha passado muito perto do cérebro. Mas sobrevivera. "Nunca vou olhar para trás", disse ela.

Nessa época, eu estava fazendo testes de memória com ela. Pedi que me recitasse alguns versos *tapey*, da antiga poesia pashtun, que remonta a séculos. Ela recitou um que lembrava, mas que queria mudar.

Recitou o original: "Se os homens não ganharem a batalha, ó meu país,/ Então as mulheres virão e conquistarão a honra para ti".

E disse: "Mas, Aba, eu queria mudar para: 'Quer os homens estejam ganhando ou perdendo a batalha, ó meu país,/ As mulheres estão vindo e as mulheres conquistarão a honra para ti'".

Exclamei: "Oh, Malala, o que você está dizendo? Você é maravilhosa".

E derramei mais lágrimas, mas agora não só de dor.

A CLASSIFICAÇÃO DE BARACK OBAMA

Enquanto Malala estava no hospital, de início internada em tempo integral e depois em visitas constantes para prosseguir no tratamento, Pekai e eu precisávamos de um motorista que nos levasse para lá e nos trouxesse de volta. Um dia, nosso motorista, Shahid Hussain, que se tornara nosso amigo, chegou com uma notícia sobre a revista *Time*, com sua lista das cem pessoas mais influentes do mundo em 2013. Malala estava na capa e, dentro da revista, ocupava o 15º lugar da lista. O presidente Barack Obama estava em 51º lugar. "Sou grande fã de Malala", disse nosso amigo. "Peço, por favor, que mostrem essa matéria a ela. Acho que ela vai ficar muito feliz." E me estendeu o celular. Peguei o celular e mostrei a lista a Malala. Eu estava muito orgulhoso do que via na tela.

Ela pegou o celular e examinou. Então pôs o aparelho de lado e disse: "Bom, não acredito nessa ideia de ficar classificando os seres humanos".

Todos os dias aprendo com ela.

O LENÇO DE BENAZIR BHUTTO

Para nós, como pais de Malala, depois de outubro de 2012, a única coisa que importava era que Malala continuasse neste planeta. Estávamos apenas felizes que Deus lhe tivesse dado uma segunda vida e que ela existisse em nossas vidas.

Nossa casa estava dividida sobre o que viria a seguir. Malala agora via sua vida com um propósito fortalecido. Pekai, porém, estava muito preocupada. Quando Malala iniciou a vida escolar em Birmingham, começamos o processo de escrever seu livro, *Eu sou Malala*, com Christina Lamb, o qual, depois da publicação, gerou mais viagens e mais relatos da história de Malala.

Mantive-me neutro em relação a Malala continuar ou não em campanha, mas agora é difícil pensar que ela poderia não ter continuado. Mesmo assim, Pekai ligou para seu irmão mais velho no Paquistão, o mesmo que fora meu mestre e minha inspiração.

"Diga-me uma coisa", disse ele a Pekai. "Responda essa única pergunta. Quem salvou a vida dela, Alá ou você?" Pekai respondeu: "Alá salvou a vida dela. Não eu". Ele então disse: "Se Alá a salvou, salvou por alguma razão. Você não pode impedi-la. Não perca seu tempo, por favor. Apenas lhe dê apoio. Deixe que Alá cumpra sua vontade. Você não pode protegê-la. Não interfira no plano de Alá. Apenas apoie e respeite".

Aquilo fazia muito sentido. Sentíamos que o mundo precisava

da voz de Malala, tão isenta de ódio, de inveja, de recriminação. O amor é a coisa mais poderosa que os seres humanos podem ter. A paz e a paixão podem vencer a violência. Malala não é agressiva, não é violenta, não é raivosa. Mesmo quando está irritada, não é cruel. Escolhe palavras que penetram profundamente nos ouvidos, mas sem nunca ferir o ouvinte ou o opressor. Esse tipo de atitude é bonito. É muito poderoso. Contesta-se, mas não se fere. Bate-se à porta, não se a derruba a pedradas. Bate-se uma vez; se não vem resposta, bate-se outra vez, mais outra vez e mais outra vez. Ainda assim não se pode derrubá-la à força. As armas podem trazer um poder imediato ou uma mudança imediata, mas não de tipo duradouro. A mudança duradoura é aquela que se defende e na qual se acredita.

Malala começou sua segunda vida com firmeza, amor e paciência. Sempre teve como meta que as pessoas que se interpusessem em seu caminho pudessem vir ao final juntar-se a ela. Farão parte de sua jornada porque o percurso é pacífico.

Um dia, antes do atentado, um general de duas estrelas me perguntou: "Pode me dizer o que Malala fez para ser tão popular no Paquistão que todos a elogiam? Diga-me por que ela vive rodeada pelos jornais e pelos meios de comunicação".

Então lhe contei a história do profeta Abraão (a paz esteja com ele). O rei Namrood queria sua morte e pretendia queimá-lo vivo. Fez uma grande fogueira e posicionou Abraão no centro. Passava no céu um pássaro levando água no bico, e deixou cair uma gota nas chamas. Não adiantou, mas o pássaro continuou deixando cair uma gota após a outra. Nem toda a água do bico de um passarinho jamais seria suficiente, mas esse pássaro ficou muito famoso em nossas histórias. Ele não desistiu.

E assim disse eu ao general: "Quer seus esforços sejam grandes ou pequenos, se você tiver pureza de intenções e essas intenções estiverem em sintonia com a história, você atingirá o coração das pessoas".

Quero contar outra história, de um homem de minha própria família que empreendeu uma transformação durante a vida de Malala. Um de meus primos mais velhos ficou tão escandalizado ao me ver escrever o nome de Malala na árvore genealógica que esboçou uma espécie de careta. Expressava inegavelmente sua desaprovação ao reconhecimento de uma menina. Mas, depois de ver o ativismo puro de Malala, mudou de ideia. Suas filhas agora frequentam a faculdade de medicina. Assim, meu primo, que antes era crítico em relação ao gênero de Malala, agora é seu maior defensor. As fotos dela nos meios de comunicação, que antes o indignavam? Agora ele as distribui pessoalmente, com grande orgulho.

Nove meses após o atentado, Malala foi convidada pelo ex-primeiro-ministro britânico Gordon Brown para comemorar seu aniversário de dezesseis anos apresentando um discurso na ONU, em Nova York. Era uma grande honra, mas no começo ficamos preocupados. Era uma pressão enorme e ela passara por muitas provações físicas. Não decorrera ainda um ano desde o ataque. Pensamos: "O que vai acontecer com essa menina? O mundo inteiro está com os olhos nela e com expectativas muito grandes. Ela tem apenas dezesseis anos — estará à altura dessa responsabilidade descomunal?". Mas aí vi sua firmeza e percebi que não cabia a mim aconselhá-la. Pensei: "Zia, Deus sabe que essa pequena garota aguenta o peso".

Não conversamos muito sobre isso no período que antecedeu o evento. Ela estava muito concentrada nos deveres da escola e de casa. Mas a data estava já tão perto que, no fim, me senti levado a dizer: "Jani, faltam só dez dias". Ela estava muito serena e equilibrada. Se fosse eu, estaria com o cabelo em pé. Teria entrado em pânico. Mas Malala nunca entra em pânico. Ela é calma.

Uma tarde, depois das aulas, ela me trouxe uma folha escrita a caneta. Tinha feito um rascunho do discurso durante um intervalo na escola. Quando li, vi as frases: "A fraqueza, o medo e a desesperança morreram. Nasceram a força, o poder e a coragem. Sou a mesma Malala".

Chamei: "Pekai! Pekai! Temos nossa mesma Malala". Nossa filha estava mais resistente. Mais poderosa. Mais determinada. A força que tinha estava aumentando, não diminuindo.

O discurso também incluía essas frases: "Uma criança, um professor, um livro, uma caneta podem mudar o mundo... A educação é a única solução. A educação em primeiro lugar".

Esse poder maior, essa missão global, Pekai e eu consideramos e tomamos como dádivas de Deus, que vieram com a vida de nossa filha. O status e a responsabilidade de Malala para com milhões de meninas em todo o mundo vieram com sua vida, como um cartão de aniversário que celebra a vida de uma criança.

Tudo o que Malala recebeu quando estava em recuperação significou muito para nós, porque mostrava que o mundo estava a seu lado. Uma coisa, porém, foi de especial importância para Jani. Benazir Bhutto sempre foi o modelo de Malala. Era uma mulher forte que recebeu educação e foi a primeira mulher a ser primeira-ministra de nosso país, por duas vezes. Também foi exilada e acabou assassinada por causa de suas convicções. Malala a considerava um talento perdido, uma mulher inteligente e forte que foi morta pelo que acreditava. Entre as lembranças enviadas a Malala, havia um cartão e alguns presentes dos filhos de Benazir Bhutto. E no pacote havia também dois dos lenços de Benazir Bhutto. Quando chegaram, Malala ergueu os lenços até o rosto e aspirou o perfume deles. Estava atônita por tê-los nas mãos. Ficou felicíssima com os presentes.

Fazia todo o sentido que, ao discursar na ONU, ela usasse um desses lenços. Escolheu o branco e o pôs nos ombros, por cima de seu lenço rosa-escuro. Quando Jani entrou no palco da ONU com o lenço de Bhutto nos ombros, lembrei-me da menininha agachada junto à torneira, lavando e esfregando seu lenço de escola. Na época, parecia impossível que viesse a valorizar qualquer lenço mais do que aquele que fazia parte do uniforme escolar. Mas, por causa de sua devoção à causa da educação, Malala agora tinha outro lenço precioso, ao qual podia dar o mesmo valor.

NÃO ME TRATEM COMO A MENINA QUE LEVOU UM TIRO

Logo antes do discurso de Malala na ONU, a editora e comentarista britânica Tina Brown, residente em Nova York, ofereceu-nos uma pequena recepção. Malala estava de pé em um canto da sala. Alguém lhe deu um microfone e ela começou a falar. Era uma reunião pequena, e creio que ela não tinha a intenção de falar aos presentes, sobretudo porque o grande discurso seria no dia seguinte.

"Não quero ser conhecida como a menina que levou um tiro", disse ela. "Quero ser conhecida como a menina que lutava."

Mais uma vez pensei: "Oh, Malala, o que você está dizendo?". Vieram-me lágrimas. "Ela tem razão. Ela tem razão." Fazia muito tempo que ela ouvia e lia nos meios de comunicação sobre "a menina que levou um tiro. A menina que levou um tiro". Estava cansada de ser isso. E então falou: "Não me tratem assim. Tratem-me como a menina que lutava".

UMA SURPRESA NA AULA DE QUÍMICA

A matéria preferida de Malala sempre fora física, mas foi no meio de uma aula de química que ela soube que ganhara o prêmio Nobel da paz de 2014.

Desde o discurso na ONU em 2013, junto com a publicação de *Eu sou Malala*, ela se tornou uma personalidade mundial. Como cofundadores do Fundo Malala, íamos a todos os lugares juntos, como fazíamos quando morávamos no Paquistão.

Em 2013, corriam muitos comentários de que ela ganharia o Nobel. Os meios de comunicação no Paquistão pareciam aguardar o anúncio. Malala e eu estávamos juntos nos Estados Unidos, em campanha, e muitas pessoas ligavam perguntando: "Já receberam o telefonema? Geralmente eles telefonam antes".

Um ano depois, em 10 de outubro — um dia depois do segundo aniversário do atentado —, Malala nem imaginava que ganharia essa homenagem. Um colega do Fundo Malala estava vindo a nossa casa para assistir comigo à cerimônia de anúncio do ganhador. "Ora, por favor", disse Malala ao sair de casa para ir à escola, com o uniforme verde-escuro. "A chance de eu ganhar é de tipo 0,0000001%. Não vai acontecer nada. Vou para a escola!"

Acomodamo-nos no sofá. Eu estava numa grande expectativa de que, talvez em trinta minutos, alguém me ligasse no celular. Ninguém ligou.

"Bom, vamos assistir, de qualquer modo", disse meu colega. Pusemos o iPad na mesa à nossa frente e sentamos ali. Abriu-se uma porta e Thorbjørn Jagland, presidente do comitê, entrou no auditório e parou atrás do pódio. Então veio o anúncio dos ganhadores: Kailash Satyarthi e Malala Yousafzai.

Dei um pulo! Pulei do sofá e abracei meu colega. Toor Pekai se juntou a nós. Foi um momento inesquecível. Que reconhecimento para alguém tão jovem! Para mim, como pai de uma menina de dezessete anos que ia ser agraciada com o Nobel, era simplesmente inacreditável. Não acontece nem em sonhos. Vai além dos sonhos. Além de qualquer sonho que tivera quando queria quebrar a tesoura de nossa sociedade que lhe cortaria as asas.

Quando a vice-diretora da escola bateu à porta da sala de

aula de química e disse que queria levar Malala à presença da diretora, Malala pensou instintivamente: "Ah, céus, qual será o problema?". Mas a vice-diretora lhe transmitiu a boa-nova e então a levou até a diretora para receber os parabéns.

Depois, Malala fez um discurso para toda a Escola Secundária Feminina de Edgbaston. Foi a única vez em sua vida de estudante que se permitiu ser "Malala", a ativista, e não uma simples aluna. Os professores choravam. As alunas choravam. Mas Malala não chorou, não com eles, nem conosco mais tarde.

Não veio para casa depois do anúncio. Claro que não! Terminou de assistir às aulas do dia e, quando chegou em casa, nos abraçamos. E Toor Pekai e eu choramos.

Esse prêmio despertava em mim, na qualidade de pai, inúmeros sentimentos. O prêmio transformou Malala em "a adolescente que ganhou o Nobel".

Alguns meses depois, fui fazer um discurso em Winnipeg e encontrei um garotinho, filho de meu primo. Agachei-me a seu lado e perguntei: "Então você conhece Malala?".

"Conheço, sim", disse o menino. "É a menina que recebeu o prêmio Nobel da paz."

"Isso mesmo", disse eu. E o menino sem dúvida pensou: "Quem será esse homem esquisito, que chora com minha simples resposta?".

Foi uma coisa maravilhosa para sua campanha. Como disse a própria Malala: "Eu estava indo a pé, e agora o Nobel é como uma bicicleta para chegar ao meu destino".

Malala não estava interessada em nenhuma glória pessoal. "Esse prêmio é para a causa, Aba", disse ela. "Vai nos ajudar a levantar a questão mundialmente e atrair mais atenção para nossa campanha pela educação das meninas." E ela tem razão. Tem tido um grande impacto no sucesso de Malala na campanha e na defesa da educação das meninas. Cada vez mais gente fala sobre a im-

146

portância da educação para todas as meninas, em especial para aquelas que vivem em partes do mundo tomadas por conflitos.

Às vezes imagino o que teria sido a vida dela sem a talibanização de nossa terra natal, se todos teríamos conseguido ficar no Paquistão. Creio de verdade que ela seria a mesma menina maravilhosa, com um papel central na vida pública, não em escala global, mas sem dúvida no Paquistão. Estaria desabrochando num tempo de paz. Em outra vida, aos 21 anos de idade, talvez Malala estivesse agora cursando a Universidade de Ciências Administrativas em Lahore. Não teria recebido o prêmio Nobel da paz nessa outra vida. Provavelmente não chegaria nem perto da metade dos prêmios e homenagens que enchem nossa casa, mas ainda continuaria a ser Malala.

CASTANHAS-DA-ÍNDIA EM EDGBASTON

Faz seis anos que moramos em Edgbaston, uma área verdejante de Birmingham, onde as ruas são repletas de árvores que Pekai e eu só tínhamos visto antes no alto das montanhas em Shangla e Swat. Nas planícies em que crescemos, costumávamos brincar nos pomares, com os mais variados frutos pendendo dos galhos de diversas árvores. Tínhamos árvores carregadas de maçãs, pêssegos, peras, laranjas e deliciosos caquis, esses frutos tão comuns no Japão. Para nós, era normal viver entre essas frutas. Mas outras árvores, como carvalhos e castanheiras, pinheiros e coníferas, só eram vistas, se tanto, nas trilhas até o alto das montanhas, como naquela vez em que subira a montanha com minha mãe para visitar o santo por causa de minha gagueira.

Desde o começo de nossa vida nova na Inglaterra, eu me

sentia encantado com a possibilidade de ir até as lojas passando por carvalhos e castanheiras. Ao ver os ramos e as folhas, era como se eu estivesse de volta à minha terra natal. Para Pekai, essas árvores eram suas amigas. Às vezes conversava com elas em pashtun: "Oh, querida árvore, você estava lá conosco em Shangla e em Swat. Quem a trouxe para cá junto com a gente?".

No inverno há sempre um mar de castanhas-da-índia de casca marrom e brilhante, tal como havia no alto das montanhas em Shangla. Chamávamos essas árvores de *jawaz*. No Paquistão, não amarramos as castanhas-da-índia em barbantes como fazem as crianças na Inglaterra, mas as usamos como bolinhas de gude naturais.* Lembro que, em minha infância, minhas irmãs faziam casinhas de brinquedo, e uma castanha-da-índia reluzente representava uma búfala ou uma vaca no pasto. Pekai lembra que essas castanhas eram usadas pelas amigas de sua mãe, que extraíam a noz e faziam uma espécie de medicamento para dor nos ossos ou nas articulações.

Em Edgbaston, outubro é a estação das castanhas-da-índia. Nunca nos cansamos de vê-las forrando o chão.

Neste ano, a queda das castanhas coincidiu com a época de levarmos Malala até Oxford, para iniciar os estudos na faculdade. Eu sabia que ia sentir saudades, mas me permiti chorar apenas uma vez, na noite em que ela partiu, quando lhe dei um saquinho de frutas secas, como costumava fazer quando ela estudava para as provas.

Aprendi que não devo ser possessivo, que, quando meus filhos crescem, preciso deixá-los partir. Quanto mais independen-

---

* Aqui o autor se refere aos *conkers* (castanhas-da-índia), nome de uma brincadeira inglesa que consiste em amarrar as castanhas com um barbante, e as crianças disputam quem consegue quebrar com seu *conker* o *conker* do companheiro. (N. T.)

te é Malala, quanto mais leva sua própria vida, quanto mais se torna um ser humano plenamente desenvolvido, mais gratificante é meu amor por ela. Pois vê-la ter uma vida baseada apenas em suas próprias decisões é tudo o que sempre desejei. É uma recompensa para mim.

Hoje em dia, é raro que Malala esteja em Edgbaston. Passa quase todo o tempo em Oxford. Fez inúmeras amizades por lá. Até agora, fomos visitá-la umas quatro ou cinco vezes, e a cada vez que conheço seus amigos sinto-me muito feliz que minha filha esteja cercada por pessoas que gostam dela. Para essas novas amizades, Malala não é uma prêmio Nobel, mas apenas uma jovem, uma colega de graduação que participa de associações internacionais, sociedades de debates e até do clube de críquete.

Tem sido muito mais fácil para ela do que foi quando começou na Escola Secundária de Edgbaston, pelo simples fato de ter ingressado na faculdade Lady Margaret Hall junto com todas as outras. É uma estudante normal, como as demais.

Quando Jani foi para Oxford, tudo ia muito bem, exceto uma coisa: havia aranhas no dormitório. Ela me telefonou e disse: "Aba, não gosto delas lá". Atal tem pavor de aranhas. Malala não chega a ter uma fobia, mas não se sente à vontade com elas no quarto. Eu quis ajudar. Comentei meu dilema com nossa farmacêutica local e ela me disse: "Recomendo que envie a ela algumas castanhas-da-índia frescas para pôr nos cantos do quarto. As aranhas não gostam".

O *jawaz* de Edgbaston! Naquela mesma tarde, pus meu casacão e fui andando pelas calçadas que antes pareciam tão estranhas. As castanhas-da-índia forravam o chão e enchi os bolsos até ficarem estufados. No dia seguinte, fui ao correio, coloquei as castanhas num envelope e escrevi um bilhete a Malala, dizendo para depositá-las nos cantos do quarto. Na vez seguinte em que telefonou, Malala disse: "Aba, acho que as aranhas foram embora!".

Nossos filhos podem não precisar mais de nós em questões mais óbvias, mas, como pais, é agradável saber que ainda podemos ser úteis.

CONSELHO FAMILIAR

Gosto de telefonar para Malala pedindo conselhos. Será que ponho no Twitter tal ou tal ideia política? O que devo fazer quando sinto dificuldade em expressar uma ideia? Como faço para que o iPhone tenha tal ou tal função específica? E ela me orienta. "Aba, faça isso, faça aquilo, faça aquilo outro." Ela sempre me orientou. Aos sete anos, quando eu lhe perguntava a opinião sobre o progresso da Escola Khushal, ela dizia: "Aba, acho que é como uma formiguinha".

Agora ela muitas vezes me fala de minhas capacidades. "Aba, você é *capaz* de aprender essas coisas sozinho, mas você não acredita em si mesmo. Pensa que não vai conseguir aprender. Mas se prestar um pouco mais de atenção nessas coisas, vai aprender como fazê-las. Por favor, não pense automaticamente que essas coisas não são para você."

Agora, muitas vezes Malala viaja sem mim, e vai acompanhada por pessoas do Fundo Malala. Percorremos juntos o mundo como parte de nossa campanha pela educação das meninas, mas ela não precisa mais de mim a seu lado. Ela diz que não é uma questão de acordar um dia de manhã e pensar: "Não quero mais isso…" ou "Agora estou pronta para aquilo…", e sim um processo gradual, em que a pessoa se sente em seu próprio caminho rumo a algo novo. Creio que é a isso que chamamos "crescer".

Quando os filhotes de passarinho nascem, não sabem voar.

Têm o instinto, mas não a prática, e assim observam a passarinha-mãe, que deixa o ninho com frequência, voando para trás e para a frente, largando alimento em seus bicos. O passarinho-bebê começa a se sentir um pouco mais ousado e, ao ver isso, o pássaro adulto se afasta um pouco para que o filhote se anime a sair do ninho até o galho para procurar o alimento. O filhote, tentando bater as asas, volta e meia cai no chão com um baque, mas a passarinha-mãe não entra em pânico. A mãe voa e voa, e aos poucos o filhote aprende a imitá-la. Mesmo quando consegue uma ou duas vezes, não é fácil nem instantâneo. Não. O filhote tem de exercitar os músculos das asas, para poder batê-las com mais força. E o tempo todo a passarinha-mãe está observando, reforçando a mensagem desse bater de asas com seu próprio voo. E então, um dia, o filhote de passarinho se põe no galho e bate as asas com tanta força que se ergue facilmente no ar. Este é o momento em que percebe que não precisa mais da mãe nem de nenhum outro passarinho para lhe trazer comida ou lhe dar proteção. É o momento em que pode alçar voo para onde quiser. A passarinha-mãe jamais impede que isso aconteça. Seria uma passarinha-mãe muito ruim se fizesse isso.

Malala, quando tinha dezesseis anos, não quis ir sozinha à ONU em Nova York. Em seu aniversário de dezoito anos, não quis ir sem mim aos campos de refugiados na Síria. Mas agora ela está com 21 anos. Em fevereiro, quando estava em Oxford, visitou três países em dez dias. Foi ao Fórum Econômico Mundial em Davos e também ao Líbano, onde deu uma coletiva com Tim Cook, o presidente executivo da Apple, para anunciar uma parceria para a educação de meninas. Em geral, deixamos a ela a administração de seus compromissos no Fundo Malala, mas, devido à sua posição, as demandas sobre seu tempo são muito maiores do que as de uma jovem normal de 21 anos. Só quando vemos sinais de que a carga de trabalho está se tornando excessiva é que intervimos e sugerimos: "Pare de viajar por algum tempo. Você precisa se concentrar em ser jovem".

Sinto orgulho que exista esse tipo de ser humano em nossa terra, cuja vida é dedicada aos outros. Sinto orgulho por essa jovem chamada Malala, que procura ensinar ao mundo que o amor se refere sempre aos outros, não só a si. Sinto orgulho que essa jovem chamada Malala tenha aprendido a amar a si mesma e a valorizar a si mesma, mas que se coloque dentro de uma perspectiva mais ampla de mundo, que consiste em fornecer um ensino de qualidade durante toda a vida escolar a meninas do mundo inteiro. E sinto orgulho também que essa jovem chamada Malala se ocupe com sua educação em Oxford, que vá a festas, compre roupas e conte os passos em seu Fitbit.

E só depois de todas essas reflexões é que me permito sentir orgulho de que essa jovem chamada Malala tenha sido também aquela bebê deitada em nosso berço de segunda mão. Sinto muito orgulho por Malala ser minha filha.

Epílogo

VOLTANDO PARA CASA

Passei anos sonhando que voltava ao Paquistão, ao Swat e a Shangla. E acordava de manhã a milhares de quilômetros de casa. Por muito tempo, Toor Pekai, Malala e eu desejamos muito que esses sonhos se tornassem realidade.

Mas para nós, Toor Pekai e eu, desde o atentado contra Malala, tudo se tornou uma questão de segurança, de proteção à sua vida.

Era a própria Malala quem não aguentava mais não voltar ao Paquistão. "Deixei meu lar, deixei meu país, e não foi por escolha minha", disse ela. "Naquela manhã, fui à escola e nunca mais voltei. Deixei meu país em coma induzido."

Admito que, embora me sinta muito feliz com as viagens de Malala pelo mundo, fiquei nervoso que ela voltasse sem a gente ao Paquistão.

"Por favor, Jani, vamos esperar mais um ano." Toor Pekai, de início, também estava hesitante, e Khushal, com medo. Passou semanas tendo pesadelos horríveis ou sem sequer conseguir dormir. Eu o ouvia pela casa à noite, insone e ansioso.

Mas Malala pretendia mesmo ir. "Se não voltarmos todos juntos ao Paquistão", disse ela, "vou sozinha. Tenho de ir." Então falei: "Nós vamos".

Não consigo encontrar palavras para descrever o que senti quando nosso avião aterrissou no Paquistão e pisamos o solo de Islamabad. Creio que nem os poetas inventaram palavras para isso. As palavras são incapazes de fazer justiça a um sentimento de tal intensidade. Quando faltam as palavras, vêm os sorrisos e as lágrimas, e isso expressa tudo o que está dentro de nós.

Malala não é de chorar. Desde o atentado, só a vi chorar três vezes. A primeira vez foi quando por fim chegamos ao hospital na Inglaterra, depois de dez dias de separação, e ela nos viu a seu lado. A segunda vez foi em seu aniversário de dezoito anos, quando vimos os refugiados atravessando a fronteira da Síria para a Jordânia, e a terceira vez foi quando ela ouviu o relato de uma mãe, contando que o filho fora gravemente ferido pelos tiroteios do Talibã na escola pública militar. Mas, em seu primeiro compromisso oficial no Paquistão, na frente de trezentas pessoas, ela não conseguia parar de chorar. O auditório todo chorava. O mundo todo viu Malala chorando porque eram lágrimas de felicidade.

"Este é o dia mais feliz da minha vida", disse ela.

Quando Malala sofreu o ataque e lutava para sobreviver, foi levada para um helicóptero que saiu de um heliporto em Mingora. Enquanto o helicóptero nos transportava por sobre o vale até o hospital em Peshawar, fiquei sentado a seu lado enquanto ela estava na maca, vomitando sangue. Deixamos Pekai em solo, ali de pé com os braços erguidos, o lenço nas mãos acima da cabeça, num apelo direto a Alá para trazer sua filha de volta em segurança. Naquele momento, eu não vira nada fora do helicóptero, nem céu, nem terra, porque estava com Malala, olhando seu corpo, tentando avaliar como estava reagindo ao trauma, como estava lutando para se manter viva.

Dessa vez, nós cinco estávamos juntos no helicóptero, sãos e salvos, enquanto ele voltava pelas mesmas montanhas para aquele mesmo heliporto em Mingora onde Malala iniciara sua jornada longe da terra natal. A sensação era de triunfo. Olhávamos os campos, as montanhas, os lagos, os açudes e as paisagens familiares de nosso belo Swat, o lugar que nos moldou como somos. Era como uma dádiva de Deus, realmente uma dádiva de Deus à nossa família.

Quando saímos do helicóptero, naquele heliporto onde em outra ocasião pensara que a morte viera buscar minha filha, nós cinco nos aconchegamos uns aos outros. Abraçamo-nos com força. Toor Pekai e eu não conseguíamos segurar as lágrimas. O heliporto fica a apenas poucos minutos de nossa antiga casa em Mingora. Malala estava cercada por agentes de segurança do Estado, fornecidos pelo Exército. Fomos para nossa casa. Quando chegamos às paredes brancas e ao pátio com portão, prostrei-me no chão e pus as mãos no solo. Tinha de tocar a terra, tinha de senti-la na palma das mãos. Beijei aquele solo. Beijei como se beija o ser amado, a mãe, depois de longo, longuíssimo tempo. A única vontade é abraçar essa coisa preciosa junto ao peito.

Malala e os meninos foram correndo para os quartos que tinham sido deles. Malala viu os desenhos que havia feito na parede quando pequena, e viu os troféus que ganhara como parte da educação que procurara salvar.

Quando saímos de Mingora, o helicóptero nos levou à Escola de Cadetes de Swat, mantida pelas forças armadas, no sopé das montanhas. Um tapete vermelho aguardava Malala e ela seguiu por ele até o local onde nos serviram o almoço. Voltando ao helicóptero, vimos à distância uma grande multidão de soldados, enfileirados com seus veículos. Enquanto passávamos por eles, Malala acenava e os soldados uniformizados tiravam o quepe para saudá-la, sinal do mais profundo respeito por ela. Este foi um dos grandes pontos altos de nossa turnê pelo Paquistão.

A própria presença de Malala no Paquistão constituía uma mudança em nosso país. Simbolizava a transformação. Ela nem precisou falar, pois sua presença física era, em si, a encarnação da paz e da educação.

Fizemos dois almoços para a família e os amigos de Shangla e Swat, que não víamos, com exceção de alguns poucos, desde nossa súbita partida em 2012. Esperávamos cem pessoas de Shangla, mas mais de trezentas fizeram a viagem até o hotel para nos ver e encontrar Malala. Era uma viagem de oito horas. Minha segunda mãe veio nesse grupo. Fazia seis anos que eu não a via e, quando ela apareceu à porta, empurrada em sua cadeira de rodas, foi um momento profundamente emocionante. Senti uma torrente de amor por ela, e de repente percebi que queria presenteá-la com flores, como demonstração de meu profundo afeto. Mas não tinha flores. Olhando em torno, porém, vi que havia um arranjo decorativo no hotel. Era de flores brancas e eu preferiria que fossem coloridas, mas, mesmo assim, peguei várias delas, ajoelhei ao lado de minha mãe, dei-lhe as flores e disse que a amava. Fiquei com uma leve sensação de ter roubado aquelas flores, mas o hotel foi muito gentil e generoso com essa minha apropriação. Creio que fui talvez tomado por uma espécie de loucura. No segundo dia, esperávamos de novo cerca de cem pessoas de Swat, mas, mais uma vez, chegaram mais de trezentas. Nessa grande multidão, havia três gerações, de bebês a nonagenários. Fiquei extremamente feliz em ver todos sentados juntos no mesmo local, comemorando nosso regresso ao lar. Malala percorria as mesas, para que todos se sentissem pessoalmente acolhidos por suas boas-vindas.

O primeiro-ministro Shahid Khaqan Abbasi se pôs de pé quatro vezes na presença de Malala, quando passou por ele para ir até o palco onde discursaria. "Malala", disse ele, "você não é mais uma cidadã comum do Paquistão. Você é a mulher paquistanesa mais famosa do mundo."

"Os dias ruins acabaram", pensei. "Jani está de volta a seu país e o povo lhe dá apoio. Ela continuará em campanha por todas as meninas de todas as aldeias, de todas as cidades e de todos os países, pelos 130 milhões de meninas que não vão à escola."

E um dia, finalmente, todos nós poderemos voltar para casa.

Agradecimentos

O grande poeta urdu Saleem Kausar tem um belo verso que diz: سر آئینہ مرا عکس ہے پس آئینہ کوئی اور ہے ("Meu reflexo está na frente do espelho, mas há outro [há muitos] atrás do espelho").

Embora este livro traga meu nome, esse verso fala de todas as pessoas, parentes e amigos que ajudaram a lhe dar vida.

Escrevê-lo foi uma jornada para mim, como para muitos outros, e me considero muito afortunado por ter Louise Carpenter como minha coautora. Assim, meu primeiro e principal agradecimento vai a ela. Foi uma jornada de desafio intelectual e de grande carga emocional. Como Louise é maravilhosa ouvinte e fantástica escritora, essa jornada foi uma experiência incrivelmente enriquecedora. Ela ria, chorava e sorria comigo enquanto eu contava minhas histórias e experiências. Deu tudo de si para expressar minha história da melhor maneira possível. Obrigado, Louise, por transformar este livro em realidade junto comigo.

Posso ser o narrador do livro, mas não o teria concluído sem minha preciosa metade, minha grande amiga e companheira, minha esposa, Toor Pekai. Ao longo do processo, sentado com Louise em nossas sessões, às vezes me vinha uma lembrança que não recordava por inteiro. Chamava alto "TOOR PEKAI!", e ela vinha correndo. Com uma memória de elefante, fornecia todos os detalhes das histórias que eu queria contar. Obrigado, Toor Pekai, pelas contribuições generosas e apaixonadas e por estar presente em minha vida sempre que precisei de você.

O mundo me conhece, com razão, como o orgulhoso pai de Malala. Mas também sou abençoado por ser o pai de meus dois filhos maravilhosos, Khushal Khan e Atal Khan. Ambos são únicos e especiais, cada qual à sua maneira. Este livro é também uma história de pai e filhos. Obrigado, Khushal e Atal, pela sinceridade nas contribuições.

Malala me pediu por muito tempo que eu escrevesse um livro. Como seu livro *Eu sou Malala* traz muitas histórias de nossa família, ela queria que, neste livro, eu apresentasse a minha perspectiva. Ajudou-me a formular o escopo deste livro e, apesar de sua agenda muito carregada em Oxford, contribuiu com sua parte na história e escreveu o prefácio. Obrigado, minha querida Jani, por ser minha força e por estar comigo todos os dias, desde sua infância até o dia de hoje!

Além de minha família, sou grato a Darnell Strom e Jamie Joseph, que me motivaram muito. Adam Grant, o coautor de *Plano B*, inspirou-me muito ao escrever palavras de incentivo. Obrigado, Adam, pelas palavras gentis.

Meu amigo e mentor de meu filho Khushal, Simon Sinek, também merece minha gratidão. De uma vez só, resolveu meu dilema sobre o título e sugeriu *Livre para voar*, que encontrou ressonância em mim e em todos os envolvidos. Obrigado, Simon, pela visão e sabedoria.

Minha família é muito afortunada por estar cercada de grandes pessoas desde que nos mudamos para a Inglaterra. Uma delas é Karolina Sutton, mulher maravilhosa cuja honestidade profissional sempre me impressionou. É uma verdadeira amiga da família, em quem confiamos muito. Obrigado, Karolina, por apoiar esta nossa obra.

Agradeço muito a Judy Clain, da editora Little, Brown and Co., pelo interesse pessoal no livro, pelo incentivo constante e pelo rigor nos prazos. Ela tem todas as qualidades que um editor deve ter. Obrigado, Judy; meu grande respeito por você.

Também sou imensamente grato a Maria Qanita, amiga e coordenadora de nossa família, que apoiou este projeto de várias maneiras, desde cuidar de meu itinerário a participar de discussões intelectuais. Eason Jordan, grande amigo da família, foi muito solícito quando pedi fotos nossas. Eason, obrigado. Como costumo dizer: "Onde Eason está, jeito sempre tem". Agradeço a Qasim Swati e a Tom Payne pelas traduções poéticas de meus versos, que acrescentam valor ao livro. E, por fim, agradeço a Usman Ali, que é como um irmão para mim e tanto tem ajudado nossa família ao longo dos anos.

Espero que este livro seja uma experiência prazerosa e enriquecedora para todos os leitores e transmita o amor, a ternura e o afeto que unem nossos amigos e familiares.

Com gratidão, Ziauddin Yousafzai

Muitas pessoas me ajudaram com sua hospitalidade e suas opiniões: Maryam Khalique, Hai Kakar, dra. Fiona Reynolds e seu marido, Adrian Bullock, e a amiga e professora de Toor Pekai, Janet Culley-Tucker. Agradeço também à família estendida dos Yousafzai no Paquistão, pelo grande auxílio e pela permissão de utilizar suas histórias. Usman Bin Jan forneceu a deliciosa alimentação. Sou grande apreciadora de uma xícara de chá inglês, mas reconheço que o *dhood patti* é o melhor. Samina Nawaz foi uma companhia muito agradável.

Gostaria de agradecer à família Yousafzai. A Toor Pekai, por tolerar meus longos dias com Ziauddin e por me confiar sua história, tão importante por si só; a Khushal e Atal, por serem sinceros sobre os períodos difíceis de sua vida, e também por me fazerem dar risada; e a Malala, por encontrar tempo numa agenda insana para conversar comigo.

Agradeço à minha agente, Karolina Sutton, por nos manter no caminho certo; a Judy Clain, que me guiou com clareza e confiança; a Betsy Uhrig, produtora editorial respeitosa e diligente; e a Jamie Joseph, meu editor britânico, pelo sólido apoio. Não teria conseguido cumprir o prazo sem Sophie Swietochowski, que transcreveu com precisão horas e horas de conversa.

O juízo literário e o amor de meu marido, Tom Payne, são inestimáveis, e meus queridos filhos se envolveram em todo o processo, sempre pacientes.

Quero agradecer, acima de tudo, a Ziauddin. O trabalho foi árduo, mas também uma enorme diversão. Não há outro termo. Rimos e muitas vezes choramos. Sinto-me privilegiada por ter ajudado a contar esta história de bravura e bondade. E, ao fazê-lo, sinto que fiz um amigo para sempre.

Louise Carpenter

ESTA OBRA FOI COMPOSTA EM MINION PELO ESTÚDIO O.L.M./ FLAVIO PERALTA
E IMPRESSA EM OFSETE PELA RR DONNELLEY SOBRE PAPEL PÓLEN SOFT DA SUZANO
PAPEL E CELULOSE PARA A EDITORA SCHWARCZ EM FEVEREIRO DE 2019

A marca FSC® é a garantia de que a madeira utilizada na fabricação do papel deste livro provém de florestas que foram gerenciadas de maneira ambientalmente correta, socialmente justa e economicamente viável, além de outras fontes de origem controlada.